VENETO KØKKEN

100 nemme og lækre opskrifter fra det nordøstlige Italien

EMMA AXELSSON

Copyright materiale ©2024

Alle rettigheder forbeholdes

Ingen del af denne bog må bruges eller transmitteres i nogen form eller på nogen måde uden korrekt skriftligt samtykke fra udgiveren og copyright-indehaveren, bortset fra korte citater brugt i en anmeldelse. Denne bog bør ikke betragtes som en erstatning for medicinsk, juridisk eller anden professionel rådgivning.

INDHOLDSFORTEGNELSE

INDHOLDSFORTEGNELSE **3**
INTRODUKTION **6**
MORGENMAD **7**
   1. CAFFÈ LATTE E BRIOCHE (KAFFE OG SØDT BRØD) 8
   2. PANDORO FRANSK TOAST 10
   3. FRITTELLE VENETE (VENETIANSKE CARNIVAL FRITTERS) 12
   4. SPECK OG FONTINA MORGENMAD PANINI 14
CICCHETTI **16**
   5. BACCALA MANTECATO (FLØDET SALTET TORSK) 17
   6. POLPETTE DI SARDE (SARDINER) 19
   7. RADICCHIO OG TALEGGIO CROSTINI 21
   8. PROSCIUTTO OG MELONE SPYD 23
   9. ARANCINI AL NERO DI SEPPIA (BLÆKSPRUTTEBLÆKRISOTTOKUGLER) 25
   10. GAMBETTI I SALSA ROSA (REJER I LYSERØD SAUCE) 27
   11. FUNGHI TRIFOLATI (SAUTEREDE SVAMPE) 29
   12. POLENTA CON SALSICCIA (POLENTA MED PØLSE) 31
   13. FEST POLENTA CROSTINI 33
   14. GRILLEDE POLENTA FIRKANTER 36
HOVEDRET **38**
   15. RISI E BISI (VENETIANSKE RIS OG ÆRTER) 39
   16. VENETIANSK BACON- OG BØNNESALAT 41
   17. VENETIANSK RIS OG ÆRTESUPPE 43
   18. BRAISERET KALVEKØD MED SQUASH 45
   19. CANEDERLI AL FORMAGGIO (OSTEBOLLER) 47
   20. PIZZOCCHERI DELLA VALTELLINA 49
   21. PASTA E FAGIOLI VENETA (VENETIANSK PASTA OG BØNNESUPPE) 51
   22. SPEZZATINO DI MANZO AL BAROLO (OKSEGRYDERET MED BAROLO-VIN) . 53
   23. TROFIE AL PESTO GENOVESE (TROFIE PASTA MED GENOVESE PESTO) 55
   24. STRACOTTO DI MANZO (GRYDESTEG) 57
   25. STEGET RØD SNAPPER MED KARTOFLER OG OLIVEN 59
RISOTTO **61**
   26. RISOTTO AL TARTUFO NERO (SORT TRØFFELRISOTTO) 62
   27. ÆRTE OG SKINKE RISOTTO 64
   28. HAM & ASPARGES RISOTTO PRIMAVERA 66
   29. RISOTTO AL NERO DI SEPPIA (BLÆKSPRUTTEBLÆK RISOTTO) 68
   30. BACON OG TOMAT RISOTTO 70
   31. PANCETTA RISOTTO MED RADICCHIO 72
   32. GRÆSKARRISOTTO 74
   33. FILET AF OKSE- OG PORRERISOTTO 76

34. Cheddar og forårsløg risotto 79
35. Rødbederisotto 81
36. Courgetterisotto 83
37. Fennikelrisotto med pistacienødder 85
38. Krydderurte sød kartoffel risotto 87
39. Risotto med svampe 89
40. Blåbærrisotto med boletus 91
41. Asparges & svampe risotto 93
42. Speltrisotto med svampe 95
43. Muslingerisotto 97
44. Crab kage & grønne løg risotto 100
45. Rejer & sød cicely risotto 103
46. Pesto valnødderisotto 106
47. Otte-urter risotto 108

PROSCIUTTO 110

48. Bagte prosciutto æggekopper 111
49. Prosciutto og æg morgenmad wrap 113
50. Prosciutto og osteomelet 115
51. Prosciutto og Tomat Frittata 117
52. Basilikum Kylling 119
53. Vagtel over grøntsags- og skinkestrimler 121
54. Prosciutto og rucola pizza 123
55. Four Seasons Pizza/Quattro Stagioni 125
56. Kylling & Prosciutto med rosenkål 127
57. Fettuccine med prosciutto og asparges 129
58. Fusilli med prosciutto og ærter 131
59. Fusilli med shiitake, broccoli rabe og prosciutto sauce 133
60. Pappardelle med prosciutto og ærter 135
61. Salami og Brie Crostini 137
62. Prosciutto og Mozarella Bruschetta 139
63. Minty rejebid 141
64. Pære, Radise Microgreen & Prosciutto Bite 143
65. Muffin prosciutto kop 145
66. Avocado prosciutto kugler 147

SLIK OG DESSERTER 149

67. Gubana (sødfyldt wienerbrød) 150
68. Æble og Ricotta Crostata 152
69. Trentino æblekage (Torta di Mele Trentina) 154
70. Venetiansk stegt fløde 156
71. Panna cotta med karamelsauce 158
72. Chokolade Panna Cotta 160
73. Karamelcreme _ 162
74. Italiensk bagte ferskner 164

75. Tiramisu gryder de creme 166
76. Tiramisu cupcakes 169
77. Honey ed budding 172
78. Frossen honning Semifreddo 174
79. Zabaglione 176
80. Affogato 178
81. Havregryn kanel is 180
82. Dobbelt chokolade gelato 182
83. Kirsebær-jordbær Gelato 184
84. Smøragtige croissantlag med prosciutto 186
85. Balsamico fersken og brietærte 188
86. Løg og prosciutto tærte 190
87. Prosciutto oliven tomatbrød 192
88. Prosciutto-orange popovers 194
89. Kandiseret prosciutto 196
90. Mozzarella og prosciutto kartoffelkage 198
91. Grøn ærte Panna Cotta Med Prosciutto 200
92. Lime Gelato Med Chiafrø 203
93. Chokolade- og kirsebæris-gateau 205
94. Chokolade bombe 208
95. Ananas bagt alaska 210
96. Chokoladedyppede gelato pops 212
97. Cappuccino frappé 214
98. Pocherede figner i krydret rødvin med gelato 216
99. Pina colada marengs gelato kage 218
100. Jordbær Marengs Gelato kage 220

KONKLUSION 223

INTRODUKTION

Tag på en kulinarisk rejse til hjertet af det nordøstlige Italien med "Veneto køkken" en samling af 100 nemme og lækre opskrifter, der viser de rige smag og traditioner i Veneto-regionen. Denne kogebog inviterer dig til at udforske de gastronomiske vidundere i Venedig, Verona og de maleriske landskaber, der definerer dette hjørne af Italien. Slut dig til os, når vi fejrer den enkelhed, elegance og enestående smag, der gør det venetianske køkken til en sand fornøjelse.

Forestil dig de romantiske kanaler i Venedig, de bølgende bakker i Prosecco-vinmarkerne og de travle markeder fyldt med friske råvarer og fisk og skaldyr. "Veneto køkken" er ikke bare en kogebog; det er en kulinarisk tur, der fanger essensen af Veneto-regionen. Uanset om du længes efter de solide retter fra bjergene, havets lækkerier ved Adriaterhavskysten eller den søde forkælelse fra venetianske kager, er disse opskrifter lavet til at transportere dig til hjertet af det nordøstlige Italien.

Fra lækre risottoer til delikat skaldyrspasta og fra velsmagende polenta til dekadent tiramisu, hvor opskrift er en fejring af de forskellige og dejlige smage, der blomstrer i Veneto. Uanset om du er en erfaren kok, der ønsker at genskabe regionens smag, eller en eventyrlysten hjemmekok, der er ivrig efter at udforske nye kulinariske territorier, er "Veneto køkken" din guide til at bringe varmen og smagen fra det nordøstlige Italien til dit bord.

Slut dig til os, når vi udforsker køkkenerne i Veneto, hvor hver ret er et vidnesbyrd om friskheden af lokale råvarer, beherskelsen af enkle teknikker og glæden ved at nyde livet. Så saml din olivenolie, omfavn smagen af Prosecco, og lad os begive os ud på et kulinarisk eventyr gennem "Veneto køkken".

MORGENMAD

1.Caffè Latte e Brioche (kaffe og sødt brød)

INGREDIENSER:
- Frisk brioche eller croissanter
- Stærk italiensk kaffe
- Mælk

INSTRUKTIONER:
a) Bryg en stærk kop italiensk kaffe.
b) Varm mælk op på komfuret eller i mikroovnen.
c) Hæld kaffen i en kop og server med varm mælk ved siden af.
d) Nyd briochen ved at dyppe den i kaffen eller smøre med marmelade.

2.Pandoro fransk toast

INGREDIENSER:
- Skiver af Pandoro (italiensk julekage)
- 2 æg
- 1/2 kop mælk
- 1 tsk vaniljeekstrakt
- Smør til stegning
- Ahornsirup og melis til servering

INSTRUKTIONER:
a) Pisk æg, mælk og vaniljeekstrakt i en skål.
b) Dyp Pandoro-skiver i blandingen, beklæd hver side.
c) Varm smørret op i en gryde og steg skiverne gyldenbrune.
d) Server med ahornsirup og en pudsning af flormelis.

3.Frittelle Venete (Venetianske Carnival Fritters)

INGREDIENSER:
- 250 g universalmel
- 2 æg
- 250 ml mælk
- 50 g sukker
- 1 pakke (7g) aktiv tørgær
- Skal af 1 citron
- En knivspids salt
- Vegetabilsk olie til stegning
- Pulversukker til aftørring

INSTRUKTIONER:
a) I en skål blandes mel, sukker, gær og en knivspids salt.
b) I en separat skål piskes æg, mælk og citronskal sammen.
c) Bland de våde og tørre ingredienser under omrøring, indtil der dannes en jævn dej.
d) Dæk til og lad det hæve i cirka 1-2 timer.
e) Varm olie op i en pande. Kom skefulde af dej i olien og steg til de er gyldenbrune.
f) Afdryp på køkkenrulle, drys med flormelis og server varm.

4.Speck og Fontina Morgenmad Panini

INGREDIENSER:
- Ciabatta eller italiensk brød
- Tyndt skåret plet (røget prosciutto)
- Skiver Fontina ost
- 1 spsk olivenolie

INSTRUKTIONER:
a) Læg skiver af plet og Fontina på brødet.
b) Dryp olivenolie på ydersiden af brødet.
c) Grill i paninipresse eller på pande, indtil osten er smeltet og brødet er sprødt.
d) Skær og server lun.

CICCHETTI

5.Baccala Mantecato (flødet saltet torsk)

INGREDIENSER:
- 200g saltet torsk, udblødt og afsaltet
- 1 fed hvidløg, hakket
- 100 ml ekstra jomfru olivenolie
- Frisk persille, hakket
- Skiver af sprødt brød

INSTRUKTIONER:
a) Kog den saltede torsk, indtil den let flager. Dræn og lad det køle af.
b) Flag torsken fint og bland den med hakket hvidløg.
c) Tilsæt gradvist olivenolie under piskning, indtil du opnår en cremet konsistens.
d) Fordel den cremede torsk på skiver af sprødt brød.
e) Pynt med hakket persille og server.

6. Polpette di Sarde (sardiner)

INGREDIENSER:
- 200 g friske sardiner, rensede og udbenede
- 1/2 kop brødkrummer
- 1 æg
- 2 spsk revet parmesanost
- Frisk mynte, hakket
- Olivenolie til stegning

INSTRUKTIONER:
a) Hak sardinerne fint.
b) Bland sardiner, rasp, æg, parmesan og mynte i en skål.
c) Form små frikadeller og steg i olivenolie til de er gyldne.
d) Server med tandstikker.

7. Radicchio og Taleggio Crostini

INGREDIENSER:
- Skiver baguette eller italiensk brød
- Radicchio, i tynde skiver
- Taleggio ost, skåret i skiver
- Honning til støvregn

INSTRUKTIONER:
a) Rist brødskiverne.
b) Top med skiver af radicchio og Taleggio.
c) Dryp med honning.
d) Steg indtil osten er smeltet og boblende.
e) Serveres varm.

8.Prosciutto og Melone spyd

INGREDIENSER:
- Prosciutto skiver
- Melon, skåret i mundrette tern
- Balsamicoglasur til drypning

INSTRUKTIONER:
a) Vikl prosciutto-skiver omkring melonterninger.
b) Spidd hver med en tandstik.
c) Anret på et serveringsfad.
d) Dryp med balsamicoglasur lige inden servering.

9.Arancini al Nero di Seppia (blæksprutteblækrisottokugler)

INGREDIENSER:
- Rester af risotto (gerne med blæksprutteblæk)
- Mozzarellaost, skåret i små tern
- Brødkrummer
- Æg
- Vegetabilsk olie til stegning

INSTRUKTIONER:
a) Tag en lille mængde kold risotto og flad den i hånden.
b) Læg en terning mozzarella i midten og form risottoen rundt om den til en kugle.
c) Dyp kuglen i sammenpisket æg og rul den derefter i rasp.
d) Steg til de er gyldenbrune og sprøde.
e) Serveres lun med et drys salt.

10. Gambetti i Salsa Rosa (rejer i lyserød sauce)

INGREDIENSER:
- Kogte rejer, pillede og deveirede
- Cocktailsauce (mayonnaise og ketchup blandet)
- Citronbåde
- Frisk hakket persille

INSTRUKTIONER:
a) Overtræk hver reje i cocktailsauce.
b) Spid rejerne med tandstikker.
c) Pynt med et skvæt citronsaft og hakket persille.
d) Serveres afkølet.

11. Funghi Trifolati (sauterede svampe)

INGREDIENSER:
- Friske svampe, renset og skåret i skiver
- Olivenolie
- Hvidløg, hakket
- Frisk timian
- Salt og peber efter smag
- Bruschetta eller sprødt brød

INSTRUKTIONER:
a) Sauter svampe i olivenolie, indtil de slipper deres væde.
b) Tilsæt hakket hvidløg og kog til det dufter.
c) Smag til med frisk timian, salt og peber.
d) Server på bruschetta eller sammen med ristet brød.

12. Polenta con Salsiccia (Polenta med pølse)

INGREDIENSER:
- Polenta, skåret i firkanter
- Kogt italiensk pølse, skåret i skiver
- Tomatsovs
- Revet parmesanost
- Friske basilikumblade til pynt

INSTRUKTIONER:
a) Grill eller pandesteg polentaskiver til de er gyldne.
b) Top hver polentaskive med en skive kogt pølse.
c) Hæld lidt tomatsauce over pølsen.
d) Drys med parmesanost og pynt med frisk basilikum.

13. Fest polenta crostini

INGREDIENSER:
- 1 pakke Polenta
- 200 gram parmesanost, friskrevet
- Olivenolie til børstning
- 3 blommetomater, flået, frøet og skåret i tern
- 1 fed hvidløg, pillet og finthakket
- 6 Friske basilikumblade, groft revet
- 4 spsk ekstra jomfru olivenolie
- Havsalt i flager og friskkværnet sort peber
- 350 gram Blandede grøntsager, såsom courgetter og aubergine, trimmet og skåret i skiver
- 1 tsk Friske timianblade
- 1 spsk balsamicoeddike
- 75 gram Dolcelatte ost, skåret i skiver
- 6 tynde skiver parmaskinke, hver halveret

INSTRUKTIONER:
TIL POLENTA:
a) Tilbered først polentaen efter instruktionerne på pakken.
b) Pisk parmesanosten i polentaen.
c) Fordel polentaen i en stor bageplade for at lave et lag ca. 2,5 cm tykt.
d) Lad afkøle.

TIL TOMATER AL CRUDO:
a) Kom tomaterne i en skål og rør hvidløg, basilikum og 2 spsk olie i.
b) Smag godt til med salt og friskkværnet sort peber.

TIL DE MARINEREDE GRILLTE GRØNTSAGER:
a) Varm en bageplade op, indtil den ryger, tilsæt derefter den resterende olie, og læg grøntsagerne på stegepladen.
b) Steg i 3-4 minutter på hver side, indtil de er gyldenbrune.
c) Kom over i en skål og smag til med salt friskkværnet sort peber og timianblade.
d) Tilsæt balsamicoeddike.

AT SAMLE:
a) Når polentaen er kølig og fast, skæres den i tykke, lange fingre.
b) Forvarm grillen til varm. Pensl polenta-fingrene med olivenolie og læg dem på en foliebeklædt grillpande.
c) Rist polentaen under grillen i 2 minutter på hver side, indtil den er gyldenbrun og sprød.
d) Top en tredjedel af polenta-fingrene med dolcelatteost og opflæstet parmaskinke.
e) Grill i yderligere 2 minutter, indtil osten er smeltet og bobler.
f) Top en anden tredjedel af polenta-fingrene med tomater al crudo og resten med de blandede grillede grøntsager.
g) Anret polenta crostinien på et stort fad.

14. Grillede polenta firkanter

INGREDIENSER:
- 2 fed hvidløg; fint hakket
- ¼ teskefuld sort peber
- 2 kopper vand
- 2 spsk ekstra jomfru olivenolie
- 2 kopper bouillon
- ⅓ kop Cotija ost, revet
- 1 kop Polenta
- 4 spiseskefulde olivenolie, til børstning
- ½ rødløg; fint hakket
- 1 tsk havsalt
- 2 spsk usaltet smør

INSTRUKTIONER:
a) I en stor tyk gryde varmes olivenolien op ved lav varme.
b) Kog løget i cirka 3 minutter, inden hvidløget tilsættes.
c) Bring bouillon, vand og salt ved høj varme i kog.
d) Reducer varmen til lav, og efter væsken simrer, dryp langsomt polentaen i en tynd stråle under konstant omrøring.
e) Reducer varmen til en meget lav indstilling og fortsæt med at røre i 25 til 30 minutter, eller indtil polentakornene er blevet bløde.
f) Tilsæt sort peber, Cotija og smør og bland godt.
g) Hæld polentaen i en bradepande og fordel den jævnt.
h) Stil til side i 1 time ved stuetemperatur.
i) Påfør olie på grillpanden. Pensl polentaen med olivenolie og skær den i 8 firkanter.
j) Forvarm grillpanden og steg firkanterne i 9 minutter på hver side eller indtil de er gyldenbrune.

HOVEDRET

15.Risi e Bisi (venetianske ris og ærter)

INGREDIENSER:
- 1 kop Arborio ris
- 1 kop friske ærter (eller frosne)
- 1 lille løg, finthakket
- 2 spsk smør
- 4 kopper grøntsags- eller hønsebouillon
- Salt og peber efter smag
- Revet parmesanost til servering

INSTRUKTIONER:
a) Svits det hakkede løg i smør i en gryde, indtil det er gennemsigtigt.
b) Tilsæt ris og kog i et par minutter, indtil de er let ristede.
c) Hæld en kop bouillon i og rør, indtil det er absorberet. Fortsæt med at tilføje bouillon gradvist.
d) Når risen er næsten kogt, tilsættes friske eller frosne ærter.
e) Kog til risen er cremet og ærterne møre. Smag til med salt og peber.
f) Serveres varm, toppet med revet parmesanost.

16. Venetiansk bacon- og bønnesalat

INGREDIENSER:
- 5 skiver pancetta, hakket og kogt
- 1 8 oz krukke ristede røde peberfrugter, drænet og hakket
- 1 kop cherrytomater, halveret
- 3 spsk ekstra jomfru olivenolie
- 1 pund frisk babyspinat
- 2 fed hvidløg, hakket
- 1 15 oz. dåse cannellini bønner, skyllet og drænet
- 3 spsk rødvinseddike
- 1/2 tsk salt
- 1/2 tsk friskkværnet sort peber
- 1/2 tsk sukker
- 1/4 kop frisk italiensk fladbladpersille, hakket
- 1/4 kop frisk basilikum, hakket

INSTRUKTIONER:

a) Bland bacon, peberfrugt og tomater i en mellemstor skål.
b) Skyl spinaten og trim stilkene.
c) I en stor stegepande sauteres spinat og hvidløg i olivenolien, indtil spinaten er visnet.
d) Rør cannellini-bønnen i og kog i 1 minut.
e) Tilsæt eddike, salt, peber og sukker og kog i 1 minut.
f) Læg blandingen på et serveringsfad og top med pancetta-, peber- og tomatblandingen. Serveres varm.

17.Venetiansk ris og ærtesuppe

INGREDIENSER:
- 1 gult løg, hakket
- 2 fed hvidløg, hakket
- 1 spsk ekstra jomfru olivenolie
- 5 spsk smør
- 110 oz. Pakke med frosne ærter
- 1/2 tsk salt
- 1/2 tsk friskkværnet sort peber
- 1 kop Arborio ris, ukogte
- 6 kopper hønsebouillon
- 1/4 kop frisk italiensk persille
- 1/2 kop frisk revet parmesanost

INSTRUKTIONER:
a) Svits løg og hvidløg i olivenolie og smør i en stor gryde, indtil de er møre.
b) Tilsæt ærterne og kog i 2 til 3 minutter.
c) Smag til med salt og peber.
d) Tilsæt risene og rør rundt i et par minutter.
e) Rør hønsebouillonen i og bring det i kog.
f) Skru ned for varmen og lad det simre i cirka 30 minutter, indtil risene er møre.
g) Rør persillen i.
h) Fjern fra varmen og kom parmesanosten i lige inden servering.

18. Braiseret kalvekød med squash

INGREDIENSER:
- 1 butternut squash, halveret med frø og fibre fjernet.
- 3 spsk ekstra jomfru olivenolie
- 1 spsk smør
- 2 mellemstore gule løg, hakket
- 2 fed hvidløg, hakket
- 2 spsk frisk rosmarin
- 2 pund kalvekød i tern
- 1/2 tsk salt
- 1 tsk friskkværnet sort peber
- 1 kop Marsala vin
- 2 kopper oksebouillon

INSTRUKTIONER:
a) Skræl butternut squash og skær i 1/2 tomme stykker.
b) I 3 liter kogende saltet vand kog squashen møre.
c) Dræn og sæt til side.
d) Svits løg, hvidløg og rosmarin i en lille stegepande i 2 spsk olivenolie, indtil løgene er gennemsigtige. Sæt til side.
e) I en stor gryde brunes kalvekødet på alle sider i den resterende olie og smørret>
f) Smag til med salt og peber.
g) Tilsæt Marsala og kog i 2 minutter.
h) Tilsæt løgblandingen. butternut squash og bouillon og bring det i kog.
i) Skru ned for varmen, læg låg på og kog i 1 til 1 og 1/2 time, indtil kødet er mørt og squashen er pureret.

19. Canederli al Formaggio (osteboller)

INGREDIENSER:
- 300 g gammelt brød i tern
- 1 kop mælk
- 2 æg
- 150 g ost (Fontina eller Asiago), revet
- 1/4 kop smør
- 1/4 kop brødkrummer
- Salt og muskatnød efter smag

INSTRUKTIONER:
a) Udblød brødterninger i mælk, indtil de er bløde.
b) Bland æg, revet ost, salt og en knivspids muskatnød i.
c) Form blandingen til små dumplings.
d) Kog dumplings i kogende saltet vand, indtil de flyder.
e) Smelt smør i en separat gryde og sauter brødkrummer til de er gyldne.
f) Rul dumplings i brødkrummeblandingen.
g) Serveres varm.

20. Pizzoccheri della Valtellina

INGREDIENSER:

- 250 g pizzoccheri pasta (boghvede pasta)
- 200 g savojkål, strimlet
- 150 g kartofler, skrællet og skåret i tern
- 100 g smør
- 1 fed hvidløg, hakket
- 200 g Valtellina Casera ost, revet
- 100 g parmesanost, revet
- Salt og peber efter smag

INSTRUKTIONER:

a) Kog pizzoccheri pasta, kål og kartofler i kogende saltet vand.
b) I en separat gryde, smelt smør og sauter hakket hvidløg.
c) Dræn pasta og grøntsager, og bland derefter med smør og hvidløg.
d) Tilsæt revet Valtellina Casera og parmesanoste.
e) Smag til med salt og peber.
f) Serveres varm.

21. Pasta e Fagioli Veneta (venetiansk pasta og bønnesuppe)

INGREDIENSER:

- 250 g pasta (som ditalini eller små skaller)
- 1 kop borlotti bønner, kogte
- 1 løg, hakket
- 2 fed hvidløg, hakket
- 2 spsk tomatpure
- 1/4 kop olivenolie
- 1 liter grøntsagsbouillon
- Salt og peber efter smag
- Frisk persille, hakket til pynt

INSTRUKTIONER:

a) I en gryde sauteres løg og hvidløg i olivenolie, indtil det er blødt.
b) Tilsæt tomatpure og kog i et par minutter.
c) Tilsæt kogte borlottibønner og grøntsagsbouillon.
d) Bring i kog og tilsæt derefter pasta. Kog indtil pastaen er al dente.
e) Smag til med salt og peber, og pynt med frisk persille.
f) Serveres varm.

22. Spezzatino di Manzo al Barolo (oksegryderet med Barolo-vin)

INGREDIENSER:
- 500 g oksekød i tern
- 1 løg, finthakket
- 2 gulerødder i tern
- 2 selleristængler, skåret i tern
- 2 fed hvidløg, hakket
- 1 kop Barolo vin
- 2 kopper oksebouillon
- 2 spsk tomatpure
- Frisk rosmarin og timian
- Olivenolie
- Salt og peber efter smag

INSTRUKTIONER:
a) I en gryde brunes oksekødsterne i olivenolie.
b) Tilsæt løg, gulerødder, selleri og hvidløg. Sauter indtil grøntsagerne er bløde.
c) Rør tomatpure i og kog i et par minutter.
d) Hæld Barolo-vin i og lad det reducere.
e) Tilsæt oksebouillon, friske krydderurter, salt og peber.
f) Lad det simre ved svag varme til kødet er mørt.
g) Server over polenta eller kartoffelmos.

23. Trofie al Pesto Genovese (Trofie Pasta med Genovese Pesto)

INGREDIENSER:
- 400 g trofie pasta
- 2 kopper friske basilikumblade
- 1/2 kop revet Pecorino ost
- 1/2 kop revet parmesanost
- 1/2 kop pinjekerner
- 2 fed hvidløg
- Ekstra jomfru oliven olie
- Salt og peber efter smag

INSTRUKTIONER:
a) Kog trofie-pastaen i saltet kogende vand, indtil den er al dente.
b) I en foodprocessor blendes basilikum, pecorino, parmesan, pinjekerner og hvidløg.
c) Tilsæt gradvist olivenolie, indtil der er dannet en jævn pesto.
d) Vend den kogte pasta med pestoen.
e) Smag til med salt og peber.
f) Server med ekstra revet ost på toppen.

24. Stracotto di Manzo (Grydesteg)

INGREDIENSER:

- 1,5 kg oksesteg
- 1 løg, skåret i skiver
- 2 gulerødder i tern
- 2 selleristængler, skåret i tern
- 2 fed hvidløg, hakket
- 2 kopper rødvin
- 1 kop oksebouillon
- 2 spsk tomatpure
- Frisk rosmarin og timian
- Olivenolie
- Salt og peber efter smag

INSTRUKTIONER:

a) Forvarm ovnen til 160°C (325°F).
b) Krydr oksestegen med salt og peber.
c) I en hollandsk ovn brunes stegen i olivenolie på alle sider.
d) Tilsæt løg, gulerødder, selleri og hvidløg. Sauter indtil grøntsagerne er bløde.
e) Rør tomatpure i og kog i et par minutter.
f) Hæld rødvin og oksebouillon i. Tilsæt friske krydderurter.
g) Dæk til og overfør gryden til ovnen. Kog i 2-3 timer eller til kødet er mørt.
h) Server skiver af grydesteg med grøntsagerne og pandesaften.

25. Steget rød snapper med kartofler og oliven

INGREDIENSER:
- 4 store bagekartofler, skrællet og skåret i tynde skiver
- 6 spsk ekstra jomfru olivenolie
- 1 spsk frisk rosmarin, hakket
- 1 tsk salt
- 1 tsk friskkværnet sort peber
- 15 cherrytomater, halveret
- 1 kop Gaeta eller Kalamata oliven, udstenede
- 1 stor hel rød snapper eller sort havaborre, renset og skælket
- 1/2 kop frisk italiensk fladbladpersille, hakket
- 3 kviste timian
- 1 og 1/2 kop tør hvidvin

INSTRUKTIONER:
a) Forvarm ovnen til 400 grader.
b) I en stor skål blandes kartoflerne, 3 spsk olivenolie og rosmarin sammen.
c) Krydr kartoflerne med salt og peber
d) Læg kartoffelblandingen i et ovnfast fad.
e) Tilsæt tomater og oliven og dryp lidt mere olie ovenpå.
f) Krydr fisken med salt og peber.
g) Fyld fisken med persille og timian.
h) Læg fisken oven på kartoflerne og gnid toppen med den resterende olivenolie.
i) Hæld hvidvinen rundt om fisken.
j) Dæk bagningen med alufolie og bag i 50 minutter.
k) Fjern folien, rist fisken og steg fisken cirka 20 minutter længere.
l) Læg fisken på et skærebræt.
m) Anret kartoffelblandingen på et stort fad.
n) Fileter fisken og læg over kartoffel, tomat og oliven.
o) Dryp pandesaften over toppen og server.

RISOTTO

26.Risotto al Tartufo Nero (sort trøffelrisotto)

INGREDIENSER:

- 2 kopper Arborio ris
- 1/2 kop tør hvidvin
- 1 lille løg, finthakket
- 2 fed hvidløg, hakket
- 1/4 kop sort trøffelpasta eller olie
- 4 kopper kylling eller grøntsagsbouillon
- Revet parmesanost
- Frisk purløg, hakket til pynt
- Salt og peber efter smag

INSTRUKTIONER:

a) Svits løg og hvidløg i trøffelpasta eller olie, indtil det er blødt.
b) Tilsæt ris og kog i et par minutter.
c) Hæld vinen i og kog til den er fordampet.
d) Tilsæt gradvist varm bouillon under jævnlig omrøring, indtil risene er cremet og kogt.
e) Smag til med salt og peber.
f) Rør revet parmesanost i og pynt med frisk purløg.
g) Server straks.

27. Ærte og skinke risotto

INGREDIENSER:
- urøget skinkehase 1 kg
- gulerod, løg og stangselleri 1 af hver, hakket
- buket garni 1
- sorte peberkorn 1 tsk

RISOTTO
- fladbladet persille et lille bundt, blade og stilke hakket
- smør 2 spsk
- olivenolie 2 spsk
- løg 1 stort, i tern
- hvidløg 2 fed, knust
- risotto ris 300 g
- hvidvin 150 ml
- frosne ærter 400 g
- parmesan 50 g, revet

INSTRUKTIONER:
a) Vask hasen og kom den i en stor gryde med den resterende bouillon samt persillestilkene fra risottoen.
b) Dæk med netop kogt vand og lad det simre, tildækket, i 3-4 timer, og skum eventuelle urenheder, der stiger op til overfladen, og efterfyld om nødvendigt, indtil kødet kommer væk fra benet. Fjern hasen fra væsken og afkøl let.
c) Si og smag fonden til (der skal være 1,5 liter) – den skal være ret salt med masser af smag. Hæld i en gryde ved svag varme.
d) Varm 1 spsk af smørret og olien op i en dyb stegepande ved middel varme. Steg løget i 10 minutter, indtil det er blødt. Rør hvidløg i, steg i 1 minut, tilsæt derefter risene og steg i 2-3 minutter for at riste risene.
e) Hæld vinen i og boble, indtil den næsten er væk, og tilsæt derefter fonden, en skefuld ad gangen, under jævnlig omrøring i 20-25 minutter, eller indtil risene er møre og cremede.
f) Fjern skindet fra skinkehajen, riv kødet i riven og kassér benene.
g) Rør det meste af skinken og alle ærterne i risottoen. Rør til ærterne er møre. Fjern fra varmen, fold parmesan og det resterende smør i, dæk til og lad det hvile i 10 minutter.
h) Drys med den resterende skinke, et skvæt olie og persillen.

28. Ham & asparges risotto primavera

INGREDIENSER:
- røget skinkehase 1, udblødt natten over evt
- gulerod 1
- usaltet smør 100 g i tern
- løg 3 mellemstore, 2 fint skåret
- hvidløg 2 fed
- timian en kvist, finthakket
- risotto ris 200 g
- perlebyg 200g
- ærter 150 g
- bondebønner 150g, dobbelt bælg hvis du vil
- aspargesspyd 6, skåret på skrå
- forårsløg 4, skåret på skrå
- grønne bønner 20, skåret i korte længder
- mascarpone 100 g
- parmesan 85g, revet

INSTRUKTIONER:
a) Kom skinkehajen i en gryde fyldt med rent, koldt vand med gulerod og halveret løg.
b) Bring det i kog og kog i 2½ time, skum overfladen af og til. Fyld gryden op med vand, hvis det er nødvendigt.
c) Smelt smørret i en tyk pande og tilsæt løg, hvidløg og timian. Kog indtil de er bløde, men ikke farvede.
d) Tilsæt ris og perlebyg og kog i et par minutter, indtil de er dækket af smørret. Tilsæt gradvist fonden fra skinken og grøntsagerne, mens du rører rundt.
e) Efter ca. 15-20 minutters omrøring og simring vil du have brugt næsten al bouillonen. Smag på din risotto, og hvis du er tilfreds med konsistensen, så tag risottoen af komfuret, men hold den tæt.
f) Kog en gryde vand og blancher alle de grønne grøntsager bortset fra forårsløgene i 30 sekunder. Drænes og hældes i risottoen.
g) Sæt risottoen tilbage over moderat varme og rør grøntsager, forårsløg og skinke i og lad det hele varme igennem og krydre. Rør mascarpone og revet parmesan i og server.

29.Risotto al Nero di Seppia (Blæksprutteblæk Risotto)

INGREDIENSER:
- 2 kopper Arborio ris
- 1/2 kop tør hvidvin
- 1 lille løg, finthakket
- 2 fed hvidløg, hakket
- 500 g blæksprutte eller blæksprutte, renset og skåret i skiver
- 2 spsk blæksprutteblæk
- 4 kopper skaldyr eller grøntsagsbouillon
- Salt og peber efter smag
- Frisk persille, hakket til pynt
- Revet parmesanost (valgfrit)

INSTRUKTIONER:
a) Svits løg og hvidløg i en gryde i olivenolie, indtil det er gennemsigtigt.
b) Tilsæt ris og kog i et par minutter.
c) Hæld vinen i og kog til den er fordampet.
d) Tilsæt blæksprutte og kog kort.
e) Opløs blæksprutteblæk i en slev varm bouillon og tilsæt det til risene.
f) Tilsæt gradvist den resterende bouillon under jævnlig omrøring, indtil risen er cremet og kogt.
g) Smag til med salt og peber, pynt med persille, og server eventuelt med parmesan.

30. Bacon og tomat risotto

INGREDIENSER:
- olie til stegning
- løg 1, finthakket
- hvidløg 1 fed, knust
- bacon 4 rygskær, finthakket
- risotto ris eller carnaroli eller arborio 200g
- kyllingefond frisk, lavet op til 1 liter
- cherrytomater 12, tag stilkene af, hvis du foretrækker det

INSTRUKTIONER:

a) Varm lidt olie op i en bred pande og steg løget forsigtigt et par minutter til det er blødt, tilsæt hvidløg og halvdelen af baconen og steg det hele sammen.

b) Tilsæt risene og rør godt rundt og tilsæt derefter fonden et par skeer ad gangen, og rør hvert parti i, indtil det er helt absorberet og risottoen er cremet, men stadig bevarer en lille bid (du skal muligvis ikke bruge al fonden).).

c) Varm imens en anden pande op med lidt olie og kog den resterende bacon med tomaterne ved høj varme, indtil de er brune. Hæld risottoen over til servering.

31.Pancetta Risotto med Radicchio

INGREDIENSER:
- smør 25 g
- olivenolie 2 spsk
- skalotteløg 4, fint skåret
- røget pancetta 75 g i tern
- radicchio 1, omkring 225 g
- risotto ris 225 g
- hønsefond 500-600 ml
- pancetta 4-6 skiver, skåret i tynde skiver
- fuldfed creme fraîche 2 spsk
- parmesan 25-50g, fintrevet

INSTRUKTIONER:
a) Smelt smør og olivenolie i en lille ildfast fad. Tilsæt skalotteløg og steg forsigtigt, indtil det er blødt. Tilsæt pancettaen i tern og fortsæt med at koge under omrøring, indtil den næsten er sprød. I mellemtiden skæres den øverste halvdel af radicchioen og rives. Skær den nederste halvdel i tynde skiver, trim roden, men efterlad nok af den til at holde kilerne sammen.
b) Tilsæt risene i gryden, rør kraftigt i et minut eller to, og tilsæt derefter den strimlede radicchio og en skefuld bouillon. Kog det langsomt op under omrøring fra tid til anden, og tilsæt mere bouillon, efterhånden som det absorberes.
c) Varm imens en støbejernsgryde op og kog radicchio-kilerne på begge sider, så de er let forkullet. Fjern og sæt til side.
d) Varm en stegepande op og tørsteg pancettaskiverne til fedtet bliver gyldent. Tag af panden og stil til side – de bliver sprøde.
e) Når risene er næsten kogte, men stadig har et godt bid (ca. 20 minutter), tjek for krydderier, sluk for varmen, tilsæt creme fraiche og det ekstra smør, rør godt, læg låg på gryden og lad det stå i 5 minutter . Lige inden servering røres de kulgrillede radicchio-både i.
f) Top hver tallerken med sprød pancetta og parmesan.

32.Græskarrisotto

INGREDIENSER:

- 75 g (3 oz) tykt skåret Pancetta eller røget stribet bacon af høj kvalitet, i tern
- 1 mellemstort løg, hakket
- 500 g (1 lb 2 oz) modent orange græskar eller butternut squash, skrællet, frøet og hakket
- havsalt og friskkværnet sort peber
- 400 g (14 oz) helst Carnaroli-ris
- 1,2 liter (2 pints) cirka grøntsags- eller hønsefond, holdt i kog
- en håndfuld finthakket frisk persille
- 1 tsk citronsaft eller hvidvinseddike
- 2 spsk usaltet smør
- 3 dybede spiseskefulde friskrevet Grana Padano ost

INSTRUKTIONER:

a) Steg Pancettaen forsigtigt i en tykbundet stor gryde, indtil fedtet løber, tilsæt derefter løget og steg, indtil det er blødt.

b) Tilsæt græskarret og steg forsigtigt med løg og Pancetta, indtil det er blødt og grødet.

c) Tilsæt risene og rist dem forsigtigt på alle sider, begynd så at tilsætte bouillon, rør rundt og lad risene suge væsken til, tilsæt mere bouillon, smag til, og når risene har suget væsken tilsættes mere.

d) Fortsæt på denne måde, indtil risene er møre og alle kornene er fyldige og gennemstegte.

e) Rør persille, citronsaft eller eddike, smør og Grana Padano i, tag det af varmen og læg låg på.

f) Lad det stå i tre minutter, rør derefter igen og kom over på et opvarmet fad. Server med det samme.

33. Filet af okse- og porrerisotto

INGREDIENSER:

- 2 8 oz oksefilet
- 50 gram Arborio ris
- 100 gram Frisk persille
- ½ lille Porre
- 2 ounce Sort budding
- 40 gram Røget wedmore ost
- 20 gram Persille
- 1 Ansjosfilet på dåse
- 1 spiseskefuld Pinjekerner; ristet
- 2 Fed hvidløg; hakket
- ½ Rødløg; hakket
- ½ Flaske rødvin
- 500 milliliter Frisk oksefond
- ½ Gulerod; hakket småt
- ½ Rød peber; hakket småt
- 15 gram Fladbladspersille
- Balsamicoeddike
- Smør
- Jomfru olivenolie
- Stensalt og friskkværnet sort peber

INSTRUKTIONER:

a) Lav først risottoen ved at stege halvdelen af løg og hvidløg af i en sauterpande med lidt smør og steg i ca. 30 sekunder uden at tage farve.

b) Tilsæt derefter risene og kog i yderligere 30 sekunder, tilsæt derefter 250 ml af bouillonen og bring det i kog. Skær porren i små terninger og tilsæt dette til gryden og lad det simre i cirka 13 minutter for at koge risene.

c) For at lave pestoen, som skal være ret tyk, tilsæt persille, hvidløgsfed, ansjos, pinjekerner og lidt olivenolie i en blender og purér til en pesto og lad den stå til den ene side.

d) Varm derefter den ene sauterpande op og krydr fileten og forsegl i panden og krydr godt i lidt olie. Afglat panden med rødvin og bouillon, bring det i kog og lad det simre forsigtigt i 5 minutter og fjern derefter bøffen. Skru op for varmen og reducer indtil den er tyknet lidt, afslut saucen med en klat smør og krydderier.

e) Til servering tilsættes den skrællede og skåret sort budding til risottoen og rygeosten, hakket flad persille og krydres godt. Læg denne i midten af hver tallerken med bøffen på toppen.

f) Top med en spiseskefuld persillepesto og server med saucen rundt i kanten og drys med de små grøntsager i tern.

34. Cheddar og forårsløg risotto

INGREDIENSER:
- smør 25 g
- forårsløg 6, hakket
- risotto ris 150 g
- hvidvin et skvæt (valgfrit)
- grøntsags- eller hønsefond 750ml
- Dijonsennep ½ tsk
- moden cheddar 100g, revet

BALSAMISKE TOMATER
- olivenolie 1 spsk
- cherrytomater 100 g
- balsamicoeddike et skvæt
- basilikum en lille bundt, hakket

INSTRUKTIONER:

a) Smelt smørret i en bred, lav gryde. Kog forårsløgene i 4-5 minutter eller indtil de er bløde. Tilsæt risene og kog under omrøring i et par minutter. Tilsæt vinen, hvis den bruges, og boble indtil den er absorberet.

b) Rør gradvist bouillonen i lidt ad gangen, og vent igen til den er absorberet, før du tilføjer mere. Gentag indtil risene er cremede, oozy og møre (du behøver måske ikke bruge al fonden, eller du skal muligvis tilføje et stænk mere, hvis blandingen er for tyk).

c) Varm imens olivenolien op i en separat lille pande over middelhøj varme og kog tomaterne med masser af krydderier, indtil de lige er begyndt at briste.

d) Rør sennep og ost i risottoen, og smag til med peber og lidt salt, hvis den har brug for det. Hæld i varme skåle og top med tomater, et skvæt balsamico og lidt basilikum.

35.Rødbederisotto

INGREDIENSER:
- smør 50 g
- løg 1, finthakket
- risotto ris 250 g
- hvidvin 150 ml
- grøntsagsfond 1 liter, varm
- færdigkogte rødbeder 300g pak
- citron 1, skrællet og saftet
- fladbladet persille et lille bundt, groft hakket
- blød gedeost 125g
- valnødder en håndfuld, ristet og hakket

INSTRUKTIONER:

a) Smelt smørret i en dyb stegepande og steg løget med lidt krydderier i 10 minutter, indtil det er blødt. Hæld risene i og rør, indtil hvert korn er dækket, hæld derefter vinen i og boble i 5 minutter.

b) Tilsæt bouillonen en slev ad gangen under omrøring, tilsæt først mere, når den forrige batch er absorberet.

c) Tag i mellemtiden 1/2 rødbeder og pisk i en lille blender, indtil den er glat, og hak resten.

d) Når risene er kogt, røres de piskede og hakkede rødbeder, citronskal og -saft og det meste af persillen igennem. Fordel mellem tallerkener og top med en smuldring af gedeost, valnødderne og den resterende persille.

36.Courgetterisotto

INGREDIENSER:
- grøntsags- eller hønsefond 900 ml
- smør 30 g
- baby courgetter 200 g (ca. 5-6), skåret i tykke skiver på diagonalen
- olivenolie 2 spsk
- skalotteløg 1 lang eller 2 runde, finthakket
- hvidløg 1 fed, knust
- risotto ris 150 g
- tør hvidvin et lille glas
- mynte en håndfuld blade, hakket
- ½ citron, skrællet og saftet
- parmesan (eller vegetarisk alternativ) 30g, fintrevet, plus ekstra til servering

INSTRUKTIONER:
a) Opbevar fonden i en gryde under svag kogning.
b) Smelt halvdelen af smørret i en dyb, bred stegepande. Steg courgetterne med lidt krydderier på begge sider, indtil de er let gyldne. Tag ud og afdryp på køkkenpapir. Tør panden af.
c) Opvarm 2 spsk olivenolie i den samme gryde, og steg derefter forsigtigt skalotteløg og hvidløg i 6-8 minutter, eller indtil de begynder at blive bløde. Rør risene i og varm igennem i et minut.
d) Hæld vinen i og boble under omrøring, indtil den er fordampet. Tilsæt bouillonen en slev af gangen, så væsken kan absorberes, før du tilføjer mere. Bliv ved med at tilføje bouillon, indtil risene er møre med en lille smule bid tilbage.
e) Rør courgetterne i og lad dem varme igennem i et minut. Tilsæt mynte og rør i risene med citronsaft og -skal, parmesan, det resterende smør og en sidste skefuld bouillon. Risottoen skal være cremet og oozy ret stiv, så tilsæt ekstra fond.
f) Læg låg på og lad det stå et par minutter, og server i lune skåle med ekstra ost, hvis du har lyst.

37. Fennikelrisotto med pistacienødder

INGREDIENSER : _

- 2 kopper Kyllingebouillon, kombineret med
- 1 kop vand
- 1 spiseskefuld Smør eller margarine
- 2 spsk Olivenolie
- 1 kop Finhakket løg
- 1 medium Fennikel pære
- 1 medium Rød peberfrugt, hakket
- 2 medier Fed hvidløg, hakket
- 1½ kop Arborio ris
- ⅓ kop Skallede pistacienødder, hakket
- Friskkværnet sort peber
- ¼ kop Revet parmesanost

INSTRUKTIONER:

a) Opvarm bouillon-vand-kombinationen over medium-lav varme. Holde varm.

b) I en stor stegepande, helst non-stick, eller stor gryde, opvarm smørret og olien over medium varme, indtil det er varmt. Tilsæt løg, fennikel og rød peber; sauter 5 minutter. Tilsæt hvidløg og svits yderligere et minut.

c) Rør risene i og kog under omrøring i 2 minutter. Begynd langsomt at tilsætte væsken, cirka en skefuld ad gangen. Kog, tildækket, over medium-lav varme, 10 minutter, omrør lejlighedsvis.

d) Tilsæt væsken langsomt og rør rundt ofte. Vent, indtil væsken er absorberet hver gang, før du tilføjer den næste øseske. Gentag tilberedningen, tildækket, 10 minutter.

e) Afdæk og fortsæt med at tilføje væsken og omrør ofte. Risottoen skal koge cirka 30 minutter. Den færdige risotto skal være cremet, med lidt tyggelighed i midten af risene.

f) Tilsæt pistacienødder, peber og parmesan til den færdige risotto, rør indtil det er blandet.

38.Krydderurte sød kartoffel risotto

INGREDIENSER:
- 1 spiseskefuld Jomfru olivenolie
- 1 kop Tern (1") søde kartofler
- 1 kop Arborio ris
- ½ kop Hakkede løg
- 1 spiseskefuld Hakket frisk salvie
- 1 tsk Revet appelsinskal
- ⅛ teskefuld Jordnøddermus
- 2 kopper Affedtet kyllingefond
- ¼ kop Appelsinjuice
- Salt og sort peber
- 1 spiseskefuld Revet parmesanost
- 2 spsk Hakket frisk italiensk persille

INSTRUKTIONER:
a) I en stor mikrobølgesikker skål, mikroovn olien i 1 minut på høj.
b) Rør søde kartofler, ris, løg, salvie, appelsinskal og muskatnød i.
c) Mikrobølgeovn uden låg i 1 minut. Rør 1½ dl af fonden i.
d) Mikrobølgeovn i 10 minutter, mens du rører én gang halvvejs gennem tilberedningen.
e) Rør den resterende ½ kop bouillon og appelsinjuice i. Mikrobølgeovn i 15 minutter, mens du rører én gang halvvejs gennem tilberedningen.
f) Tilsæt salt og peber efter smag. Drys med parmesan og persille.

39. Risotto med svampe

INGREDIENSER:
- 4½ kop Grøntsagslager; eller miso-infunderet bouillon, velsmagende
- 1 spiseskefuld Ekstra jomfru oliven olie
- ½ kop rose-sushi ris
- ½ kop Sake
- Kosher salt
- Friskkværnet sort peber
- ½ kop Enoki svampe
- ½ kop Hakket spidskål
- ¼ kop Radise spirer

INSTRUKTIONER:
a) Hvis du bruger den miso-infunderede bouillon, skal du kombinere 1 spsk miso med 4½ kopper vand og bringe i kog. Reducer varmen og lad det simre.
b) I en stor gryde varmes olivenolien op over medium-høj varme. Tilsæt risene under konstant omrøring i én retning, indtil de er godt belagt. Tag gryden af varmen og tilsæt sake.
c) Vend tilbage til varmen og rør konstant i én retning, indtil al væsken er absorberet. Tilsæt bouillon eller bouillon i intervaller på ½ kop, under konstant omrøring, indtil al væsken er absorberet ved hver tilsætning.
d) Smag til med salt og peber. Hæld i serveringsskåle, pynt med svampe, spidskål og spirer og server.
e) Pynt med delikate enoki-svampe, hakket spidskål og krydrede radisespirer.

40. Blåbærrisotto med boletus

INGREDIENSER:
- 8¾ ounce Frisk boletus, skåret i skiver
- 1 lille Løg; fint hakket
- ¾ ounce Smør
- 5 ounces Risotto ris; upoleret
- 5½ ounce Blåbær
- ¼ kop Hvidvin; tør
- 1¾ kop Bouillon
- ¼ kop Olivenolie
- 1 Kvist timian
- 1 Fed hvidløg; mosede
- 2 ounce Smør

INSTRUKTIONER:

a) Varm smørret op i en gryde og svits løget. Rør ris og blåbær i, sauter kort. Fugt med vin, kog indtil absorberet; fugtes med bouillon og koges møre. Rør løbende, tilsæt eventuelt lidt bouillon. Smag til med salt og peber.

b) Varm olien op i en gryde, svits champignon, hvidløg og timian. Rør smørret i risottoen. Overfør til varme tallerkener og pynt med svampe.

41.Asparges & svampe risotto

INGREDIENSER:
- Oliven- eller salatolie
- 1½ pund Asparges, hårde ender trimmet og spyd skåret i 1 1/2-tommers stykker
- 2 medier Gulerødder, i tynde skiver
- ¼ pund Shiitakesvampe, stilke fjernet og hætter skåret 1/4 tomme tykke
- 1 medium Løg, hakket
- 1 medium Rød peber, skåret i 1-tommer lange tændstik-tynde strimler
- 2 pakker (5,7 oz) primavera-smag ELLER risottoblanding med svampesmag
- Persillekviste til pynt
- Revet parmesanost (valgfrit)

INSTRUKTIONER:
a) I en 4-liters gryde ved medium-høj varme, i 1 T varm oliven- eller salatolie, kog asparges, indtil de er gyldne og møre-sprøde. Tag aspargesene ud i skålen med hulske.
b) I resterende olie i gryden og yderligere varm oliven- eller salatolie, kog gulerødder, svampe og løg, indtil grøntsagerne er sprøde og begynder at brune. Tilføj rød peber; kog under omrøring, 1 minut.
c) Tilsæt risottoblanding og 4 C vand, ved høj varme, varm op til kogning.
d) Reducer varmen til lav; læg låg på og lad det simre i 20 minutter. Fjern gryden fra varmen. Rør asparges i; dæk til og lad stå i 5 minutter for at tillade ris at absorbere væske.
e) For at servere, hæld risottoen på et fad. Pynt med persillekviste.
f) Server med revet parmesanost, hvis du har lyst.

42. Speltrisotto med svampe

INGREDIENSER:
- tørrede porcini-svampe 20g
- vegetabilsk olie 2 spsk
- kastanjesvampe 250g, skåret i skiver
- løg 1, finthakket
- hvidløg 2 fed, finthakket
- perlespelt 250g
- hvidvin et glas (valgfrit)
- grøntsagsfond 500 ml, varm
- blød ost 2 spsk
- Italiensk hård ost 25 g, fint revet, plus ekstra til servering
- fladbladet persille et lille bundt, blade revet
- citron 1, skrællet og et skvat saft

INSTRUKTIONER:

a) Kom den tørrede porcini i en lille skål og hæld 250 ml lige kogt vand over.
b) Opvarm 1 spsk af den vegetabilske olie i en stor stegepande over høj varme og tilsæt kastanjesvampene. Kog i 5-10 minutter eller indtil al væden er fordampet og de er karamelliserede.
c) Reducer varmen og tilsæt den resterende olie, løg, hvidløg og lidt krydderier, og steg forsigtigt i 5 minutter, indtil det er blødt.
d) Tilsæt spelt og bland indtil det er helt dækket af olie. Hæld vinen i, hvis den bruges, og kog indtil den er reduceret med 1/2.
e) Dræn porcini, behold væsken, hak og rør i risottoen. Tilsæt porcini-væsken til fonden og rør i risottoen en skefuld ad gangen. Kog i 25 minutter eller indtil spelten er mør.
f) Rør de bløde og hårde oste igennem, efterfulgt af persillen.
g) For at servere, fordel mellem skåle, pres lidt citronsaft over, drys over citronskal og ekstra ost, hvis du har lyst.

43. Muslingerisotto

INGREDIENSER:

- 1,2 kg (2 lbs) friske, levende muslinger, skrubbet og renset grundigt
- 6 spsk ekstra jomfru olivenolie
- 2 fed hvidløg, pillet og finthakket
- 600 g modne, squashy tomater,
- 350 g (12oz) helst Arborio-ris
- 1,2 liter (2 pints) fiskefond
- en håndfuld frisk, flad bladpersille
- havsalt og friskkværnet sort peber
- 25 g (1 oz) usaltet smør

INSTRUKTIONER:
a) Kom alle de rene muslinger i en bred, lav gryde. Læg låg på gryden og sæt gryden over middel til høj varme.
b) Ryst gryden over varmen, og få alle muslingerne til at åbne sig.
c) Efter cirka 8 minutter vil alle dem, der skal åbnes, have åbnet. Tag muslingerne ud, efterhånden som de åbner sig.
d) Fjern muslingerne fra skallerne og kassér alle undtagen de smukkeste skaller, som du kan gemme til pynt.
e) Si væsken fra muslingerne gennem en meget fin sigte og stil til side. Kassér alle uåbnede skaller og tomme skaller, du ikke ønsker.
f) Steg derefter hvidløg og olie sammen, indtil hvidløget er lyst, og tilsæt derefter alle risene.
g) Bland grundigt sammen, indtil risene er knitrende varme og godt belagt med olie og hvidløg. Tilsæt nu væsken fra muslingerne og tomaterne.
h) Bland sammen indtil risene har absorberet væsken, og begynd derefter at tilsætte den varme fiskefond gradvist.
i) Rør konstant og tilsæt først mere bouillon, når den tidligere mængde er optaget af risene.
j) Fortsæt på denne måde, indtil risene er tre fjerdedele kogte, og tilsæt derefter de kogte muslinger og persillen.
k) Smag til med salt og peber og fortsæt med at tilsætte bouillon, røre og tilføje mere bouillon, når risene har opsuget den forrige bouillon.
l) Når risene er cremede og fløjlsbløde, men kornene stadig er faste i midten, tages risottoen af varmen og smørret røres i.
m) Dæk til og lad hvile i 2 minutter, overfør derefter til et opvarmet fad, pynt med de gemte skaller og server med det samme.

44. Crab kage & grønne løg risotto

INGREDIENSER:
- 300 milliliter Hvillingfilet
- 2 Æg
- Salt og kværnet hvid peber
- 1 rød chili; frøet og fint
- ; hakket
- ½ tsk Kværnet koriander
- ½ tsk Stødt ingefær
- Lidt fintrevet limeskal
- 1 Skalotteløg; fint hakket
- 85 milliliter Dobbelt creme
- 100 gram Hvidt krabbekød
- Almindelig mel og tørre rasp til
- ; belægning
- 1 spiseskefuld Olivenolie
- 2 Skalotteløg; fint hakket
- 1 Fed hvidløg; fint hakket
- ½ tsk Frisk timian; hakket
- 200 gram Risotto ris
- 400 milliliter Varm grøntsagsfond
- 2 spsk Dobbelt creme
- 100 gram Mascarpone
- 4 Forårsløg; hakket
- 75 gram Parmesan; revet
- 200 gram blommetomater; flået, frøet
- 3 Skalotteløg; fint hakket
- 1 rød chili; seedet
- 1 Fed hvidløg; knust
- 4 teskefulde Sennepsvinaigrette
- Vegetabilsk olie til friturestegning
- 4 spiseskefulde Chili olie
- Kørvelkviste; at pynte

INSTRUKTIONER:

a) For krabbekager, flydende hvide med 1 æg indtil glat. Tilsæt salt, peber, chili, koriander, ingefær, limeskal og skalotteløg, og vend derefter cremen og krabbekødet i.
b) Del i fire og form til rundinger. Chill indtil fast.
c) Rul i mel, pensl med det resterende æg, pisket og overtræk brødkrummer. Overtræk igen med mel, æg og krummer, og køl derefter krabbekager, indtil de er klar til at koge.
d) Til risotto varmes olien op i en stegepande og skalotteløg, hvidløg og timian steges til de er bløde. Tilsæt risene og kog i 2-3 minutter, og hæld derefter den varme bouillon på.
e) Lad det simre i 10-15 minutter under jævnlig omrøring, indtil risene er møre, men stadig har lidt bid.
f) Når du er klar til servering, røres fløden i og varmes op igen. Tilsæt mascarpone, forårsløg og parmesan og tjek krydringen.
g) Til salsaen skal du blande alle ingredienserne sammen og afkøle.
h) Til servering frituresteg du krabbekagerne i varm olie, indtil de er gyldne. Afdryp på køkkenpapir. Hæld varm risotto i midten af fire serveringsfade og læg en krabbekage ovenpå hver. Kom lidt salsa på hver krabbekage og dryp chiliolien rundt om risottoen. Pynt med kørvelkviste.

45. Rejer & sød cicely risotto

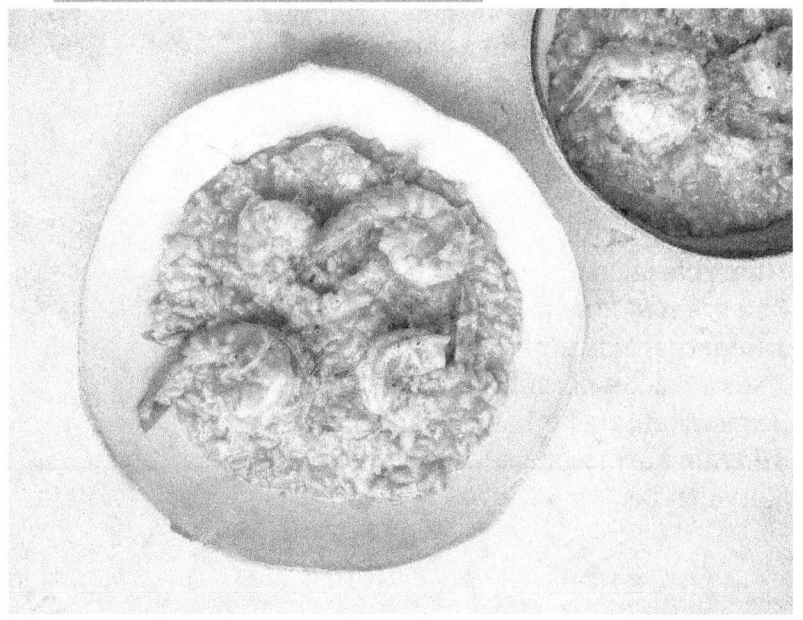

INGREDIENSER:
- 550 gram Rå rejer direkte
- 1¼ liter Grøntsags- eller hønsefond
- 85 gram Usaltet smør
- 2 Skalotteløg; hakket
- 2 Hvidløgsfed; hakket
- 300 gram Risotto ris
- 1 lille Spri g rosmarin; 4 cm lang
- 1 Laurbærblad
- 250 gram Modne tomater , hakkede
- 1 Generøst glas tør hvidvin
- 2 spsk Hakket persille
- 3 spiseskefulde Finhakket sødt
- 30 gram Parmesan ost; frisk revet
- Salt og peber

INSTRUKTIONER:
a) Pil rejerne, behold kødet. Opvarm 15 g smør i en gryde, der er stor nok til fonden med plads til overs.
b) Tilsæt rejeskallerne og hovederne, når de skummer, og rør rundt, indtil de bliver pænt lyserøde. Tilsæt bouillon og 600 ml/1 pint vand og kog op. Lad det simre i 30 minutter for at trække rejesmagen ud og sil.
c) Til rejerne: Hvis du kan se en sort streg løbe ned ad ryggen, lav en slids med spidsen af en skarp kniv ned ad ryggen og fjern den fine sorte tarm lige under overfladen. Hvis de er tiger, konge eller en type store rejer, halvér eller tredje hver af dem.
d) Kog eventuelt bouillonen op igen og reducer varmen til en tråd, så den holder sig varm og ikke koger væk. Smelt 45 g/1 1/2 oz resterende smør i en bred gryde.
e) Steg skalotteløg og hvidløg meget forsigtigt i smørret, indtil det er gennemsigtigt, uden at det bruner. Tilsæt rosmarin, ris og laurbærblad til gryden og rør rundt i cirka et minut, indtil risene bliver gennemsigtige.
f) Tilsæt tomater, persille og vin. Smag til med salt og rigeligt peber, og bring det i kog. Rør risblandingen konstant, indtil al væsken er absorberet. Tilsæt en generøs slev med bouillon, og rør, indtil alt det også er absorberet.
g) Gentag indtil risene er møre, men med en anelse fasthed, dog bestemt ikke kalkholdige. Konsistensen skal være på grænsen til suppeagtig, da den stadig har et par minutter tilbage.
h) Den tid, det tager for væsken at blive absorberet, og risene skal koges, skal være omkring 20-25 minutter.
i) Rør til sidst rejerne og det søde cicely i og kog under omrøring i yderligere 2-3 minutter, indtil rejerne er blevet lyserøde. Rør det resterende smør og parmesan i, smag til og juster krydderiet, og server derefter.

46. Pesto valnødderisotto

INGREDIENSER:

- 1½ spsk Vegetabilsk olie
- ¾ kop Løg, hakket
- 1 kop Arborio ris
- 3 kopper Fedtfattig kyllingebouillon
- ¼ kop Næsten ikke-fedt pesto
- ½ kop Valnødder
- ¾ kop parmesan ost
- Friskkværnet sort peber

INSTRUKTIONER:

a) Opvarm olie i en 2-liters mikrobølgesikker skål på høj i 2 minutter.
b) Rør løg i og steg på høj i 2:30. Rør ris i, så de dækkes med olie og kog 1:30. Tilsæt 2 kopper bouillon og kog ved høj temperatur i 14 minutter under omrøring én gang.
c) Tilsæt resterende bouillon og pesto og kog i 12 minutter under omrøring én gang. Test for færdighed under de sidste par minutter af tilberedningen.
d) Tag dem ud af mikrobølgeovnen og rør valnødder og parmesan i. Server straks.

47.Otte-urter risotto

INGREDIENSER:
- Ekstra jomfru oliven olie
- 1 Fed hvidløg
- 7 ounces Non-stick ris
- 1 kop hvidvin
- 4 flåede tomater; hakket
- Salt
- 1 Smørklat
- 4 spiseskefulde Parmigiano Reggiano
- 3 spiseskefulde Fløde
- 6 Basilikum blade
- 4 Salvie blade
- 1 Dusk persille
- Få nåle frisk rosmarin
- 1 knivspids Timian
- 1 Tut purløg
- 3 Friske dildkviste

INSTRUKTIONER:
a) Hak krydderurterne fint og steg dem let i en lille smule olivenolie, sammen med hvidløget.
b) Kog imens de hakkede tomater i saltvand.
c) Tag hvidløget ud og tilsæt risene, svits kort og tilsæt en kop hvidvin.
d) Når væsken fordamper, tilsættes de hakkede tomater.
e) Tilsæt en klat smør, rigeligt parmigiano og et par skefulde fløde til sidst.

PROSCIUTTO

48. Bagte prosciutto æggekopper

INGREDIENSER:
- 1 spsk olivenolie
- 12 skiver prosciutto
- 12 store æg
- 2 kopper babyspinat
- salt og peber

INSTRUKTIONER:
a) Forvarm ovnen til 400 grader.
b) Pensl olivenolie i hvert rum i muffinformen. Placer en skive prosciutto inde i hvert rum, og tryk for at sikre, at siderne og bunden er helt foret (du skal muligvis rive prosciuttoen i flere stykker for nemmere at få en kopform).
c) Læg 2-3 babyspinatblade i hver kop og top med et æg. Drys med salt og peber efter smag.
d) Bages i 12 minutter for en æggeblomme eller op til 15 minutter for en mere hårdhærdet blomme.

49.Prosciutto og æg morgenmad wrap

INGREDIENSER:
- 4 store æg
- 4 skiver prosciutto
- ¼ kop revet cheddarost
- ½ kop babyspinatblade
- Salt og peber efter smag
- 4 store meltortillas

INSTRUKTIONER:
a) I en skål piskes æggene sammen og smages til med salt og peber.
b) Varm en slip-let stegepande op over medium varme og hæld de sammenpiskede æg i.
c) Kog æggene under omrøring af og til, indtil de er rørte og gennemstegte.
d) Læg meltortillaerne ud og fordel røræggene ligeligt imellem dem.
e) Top hver tortilla med en skive prosciutto, lidt revet cheddarost og en håndfuld babyspinatblade.
f) Rul tortillaerne stramt sammen, og læg siderne ind efterhånden.
g) Opvarm en ren stegepande over middel varme og læg wraps med sømsiden nedad på panden.
h) Kog wrapsene et par minutter på hver side, indtil de er let brunede og osten er smeltet.
i) Tag af panden og server varm.

50.Prosciutto og osteomelet

INGREDIENSER:
- 4 store æg
- 4 skiver prosciutto, hakket
- ½ kop revet mozzarellaost
- ¼ kop hakket frisk basilikum
- Salt og peber efter smag
- 2 spsk olivenolie

INSTRUKTIONER:
a) I en skål piskes æggene sammen og smages til med salt og peber.
b) Varm olivenolie op i en slip-let pande over medium varme.
c) Hæld de sammenpiskede æg i gryden og lad dem stege i et minut eller to, indtil kanterne begynder at sætte sig.
d) Drys den hakkede prosciutto, revet mozzarellaost og hakket basilikum over halvdelen af omeletten.
e) Fold den anden halvdel af æggekagen over fyldet og kog i endnu et minut, indtil osten er smeltet.
f) Skub omeletten ud på en tallerken og skær den i både.
g) Serveres varm.

51.Prosciutto og Tomat Frittata

INGREDIENSER:
- 8 store æg
- 4 skiver prosciutto, hakket
- 1 kop cherrytomater, halveret
- ½ kop revet Gruyere ost
- ¼ kop hakket frisk persille
- Salt og peber efter smag
- 2 spsk olivenolie

INSTRUKTIONER:
a) Forvarm din ovn til 375°F (190°C).
b) I en skål piskes æggene sammen og smages til med salt og peber.
c) Varm olivenolie op i en ovnsikker stegepande over medium varme.
d) Tilsæt den hakkede prosciutto og cherrytomater til gryden og kog i et par minutter, indtil tomaterne er bløde.
e) Hæld de sammenpiskede æg over prosciuttoen og tomaterne i gryden.
f) Drys den revne Gruyere ost og hakket persille jævnt over æggene.
g) Overfør stegepanden til den forvarmede ovn og bag i cirka 15 minutter, eller indtil frittataen er sat og gyldenbrun.
h) Tag den ud af ovnen og lad den køle lidt af, inden den skæres i skiver.
i) Serveres lun eller ved stuetemperatur.

52. Basilikum Kylling

INGREDIENSER:
- 4 skindfri, udbenet kyllingebrysthalvdele
- ½ kop forberedt basilikumpesto, delt
- 4 tynde skiver prosciutto, eller flere efter behov

INSTRUKTIONER:
a) Beklæd en bageplade med olie og sæt derefter din ovn på 400 grader, før du gør noget andet.
b) Top hvert stykke kylling med 2 spiseskefulde pesto og dæk hver enkelt med et stykke prosciutto.
c) Læg derefter alt i fadet.
d) Bag alt i ovnen i 30 minutter, indtil kyllingen er helt færdig.
e) God fornøjelse.

53. Vagtel over grøntsags- og skinkestrimler

INGREDIENSER:
- 4 spiseskefulde vegetabilsk olie
- 1 tsk hakket frisk ingefær
- 3 vagtler, flækket
- Salt og peber
- 4 spsk hønsebouillon
- 1 mellemstor zucchini, skåret i tynde strimler
- 1 gulerod, skrabet og skåret i tynde strimler
- 4 hele spidskål, skåret i tynde strimler
- 2 store broccolistilke, skrællet og skåret i tynde strimler
- 2 ounce land skinke eller prosciutto, skåret i tynde strimler

INSTRUKTIONER:
a) Opvarm 2 spsk olie med ingefær i en stor stegepande eller wok.
b) Brun vagtlen på alle sider. Salt og peber dem. Tilsæt lidt bouillon, dæk til og damp-braiser langsomt i 15 minutter.
c) Fjern vagtlerne med deres saft og hold dem varme.

54.Proscuitto og rucola pizza

INGREDIENSER:
- 1 pund pizzadej, ved stuetemperatur, delt
- 2 spsk olivenolie
- ½ kop tomatsauce
- 1 ½ kopper revet mozzarellaost (6 ounces)
- 8 tynde skiver prosciutto
- Et par store håndfulde rucola

INSTRUKTIONER:

a) Har du en pizzasten, så læg den på en rist midt i ovnen. Opvarm ovnen til 550°F (eller maksimal ovntemperatur) i mindst 30 minutter.

b) Hvis du overfører pizzaen til en sten i ovnen, skal du samle den på en velmelet skræl eller et skærebræt. Ellers skal du samle på den overflade, du skal lave mad på (bagepapir, bageplade osv.). Arbejd med et stykke dej ad gangen, rul eller stræk det til en 10- til 12-tommer cirkel.

c) Pensl kanterne af dejen med 1 spsk olivenolie. Fordel halvdelen af tomatsaucen over resten af dejen.

d) Drys med cirka ¼ af osten. Læg 4 prosciutto-skiver, så de dækker dejen jævnt. Drys med yderligere ¼ af osten.

e) Bag pizzaen, indtil kanterne er let brunede, og osten er boblende og brunet i pletter, ca. 6 minutter ved 550°F.

f) Fjern fra ovnen til et skærebræt, fordel halvdelen af rucolaen over toppen, og skær og server straks.

g) Gentag med den resterende dej og toppings.

55. Four Seasons Pizza/Quattro Stagioni

INGREDIENSER:

g) 1 opskrift på traditionel italiensk basisdej
h) Mozzarella, 6 ounce, skåret i skiver
i) Prosciutto, 3 ounce, i skiver
j) Shiitake-svamp, en kop, skåret i skiver
k) Oliven, ½ kop, skåret i skiver
l) Pizzasauce, en halv kop
m) Kvartede artiskokhjerter, en kop
n) Revet Parmigiana, 2 ounces

INSTRUKTIONER:

a) Form dejen til en cirkel med en diameter på 14 tommer. Gør dette ved at holde i kanterne og forsigtigt dreje og strække dejen.
b) Prik dejen med pizzasauce.
c) Fordel mozzarellaskiverne jævnt ovenpå.
d) Senere artiskokhjerter, prosciutto, svampe og oliven i fire fjerdedele af pizzaen.
e) Fordel revet Parmigiana ovenpå.
f) Grill/bag i 18 minutter.

56.Kylling & Prosciutto med rosenkål

INGREDIENSER:

- 2 pund kyllingemørbrad
- 4 ounce prosciutto
- 12 ounce rosenkål
- ½ kop hønsebouillon
- 1½ kop tung fløde
- 1 tsk hakket hvidløg
- 1 citron, delt i kvarte og kerner
- Ghee eller kokosolie til stegning

INSTRUKTIONER:

a) Forvarm ovnen til 400 grader F.
b) Skær rosenkålen i halve og kog i 5 minutter. Fjern fra varmen og sæt til side.
c) Tilsæt ½ kop hønsebouillon i en stegepande og bring det i kog på medium. Tilsæt derefter fløde, hakket hvidløg og citron og lad det simre i 5-10 minutter under jævnlig omrøring. Fjern fra varmen og sæt til side.
d) Opvarm lidt ghee i en separat stegepande og tilsæt kylling. Kog ved medium-høj varme i flere minutter, og tilsæt derefter hakket prosciutto, indtil kyllingen er kogt.
e) I et lille ildfast fad (9×9) og lag fra bund til top: rosenkål, kylling, prosciutto og citronflødesauce ovenpå.
f) Bages i forvarmet ovn i 20 minutter. Serveres varm.

57. Fettuccine med prosciutto og asparges

INGREDIENSER:
- ½ pund asparges, i 1-tommers stykker.
- 2 spsk Smør
- ½ kop løg, hakket
- 4 ounce prosciutto
- 1 spsk Smør
- 1 spsk Mel
- ½ kop fløde
- 1 pund fettuccine
- ½ kop friskrevet parmesanost
- Friskkværnet peber

INSTRUKTIONER:
a) Kog aspargesene møre; dræne. Reducer kogevandet til ½ kop. Smelt smørret i en gryde ved middel varme.
b) Tilsæt løget og kog indtil det dufter. Rør prosciuttoen i og sauter.
c) Lav en roux af mel og smør; tilsæt det reserverede aspargesvand og fløde.
d) Pisk og varm indtil saucen tykner.
e) Tilsæt asparges og prosciutto og rør i. I mellemtiden koger du pastaen.
f) Når pastaen er kogt al dente, drænes den af og hældes sammen med saucen og tilsættes revet ost.
g) Server og tilsæt friskrevet peber efter smag.

58.Fusilli med prosciutto og ærter

INGREDIENSER:
- 2 spsk olivenolie
- 2 spsk Smør
- 1 hakket gulerod
- 1 hakket selleri stilk
- 1 hakket lille løg
- 6 Tynde skiver prosciutto - hakket
- ½ kop hvidvin
- 24 ounce siede tomater
- 1 kop Ærter
- 1 pund Kogt fusilli pasta

INSTRUKTIONER:
a) Varm olivenolie og smør op i en stor gryde. Tilsæt hakket gulerod, selleri og løg. Sauter kort, indtil de er møre.
b) Tilsæt prosciutto, hvidvin og siede tomater.
c) Kog i cirka 30 minutter ved lav varme for at kombinere smag. Afslut med ærterne og rør sammen.
d) Vend den varme pasta med saucen. Pynt med frisk basilikum og parmesanost.

59. Fusilli med shiitake, broccoli rabe og prosciutto sauce

INGREDIENSER:
- 1 pund Fusilli pasta
- 1 pund Broccoli rabe; trimmes og skæres i 1-tommers stykker

TIL SAUSEN
- ½ kop olivenolie
- ½ kop hakket skalotteløg
- 1 fed hvidløg; hakket
- 6 ounce Shiitake-svampe - (til 8 oz); trimmet, skåret i skiver
- 6 ounce prosciutto eller lignende saltet skinke -(til 8 oz); skær små terninger, eller strimler
- ½ tsk Tørrede hot rød peber flager (til 1 tsk); eller efter smag
- ⅓ kop hønsefond eller bouillon
- 2 spsk hakket frisk persille
- 2 spsk Hakket frisk purløg
- 2 spsk Frisk estragon

PYNT
- Friskrevet parmesanost; (valgfri)
- soltørrede tomater; (valgfri)

INSTRUKTIONER:

a) Først laver du saucen. Varm olie op i en stegepande. Tilsæt skalotteløg og kog under omrøring i 1 minut.
b) Tilsæt derefter svampe og kog under omrøring af og til i 5 minutter, eller indtil svampene er let gyldne.
c) Rør nu hvidløg, prosciutto og rød peberflager i og kog i 30 minutter, tilsæt derefter hønsefond eller bouillon og lad det simre i 1 minut.
d) Til din pasta skal du bringe en stor gryde vand i kog.
e) Når vandet er klar, tilsæt din pasta. Husk at starte din kogetid, når vandet koger tilbage, ikke når du tilføjer pastaen.
f) Kog din pasta i henhold til pakkens anvisninger, efter 6 minutters kogning, tilsæt broccoli rabe til madlavningspastaen.
g) Dræn pasta og broccoli rabe i et dørslag og kom over i et serveringsfad. Top med sauce, bland godt. Pynt evt.

60. Pappardelle med prosciutto og ærter

INGREDIENSER:
- ¼ kop hakket prosciutto
- 1 kop Ærter
- 1 kop tung fløde
- 1 kop Halv og halv
- ⅓ kop revet Asiago ost
- 1 pund lasagne nudler

INSTRUKTIONER:
a) Opvarm en stor sauterpande, indtil den er varm.
b) Tilsæt den hakkede prosciutto og kog i cirka tre minutter, indtil den er mør, men ikke sprød.
c) Tilsæt ærterne og rør sammen. Hæld den tunge fløde i og halv og halv. Tilsæt Asiago-osten og skru ned for varmen.
d) Lad saucen simre i fem minutter, og rør ofte, så osten smelter og fløden tykner lidt.
e) Smag til med peber.
f) For at lave pappardelle skal du tage lasagnenudlerne og skære dem i lange strimler, der er cirka 1" brede.
g) Kom strimlerne i saltet kogende vand og kog dem møre.
h) For at servere, smid den kogte pasta med ostesovsen.

61.Salami og Brie Crostini

INGREDIENSER:
- 1 fransk baguette, skåret i 4-6 tykke stykker
- 8-ounce runde Brie ost, i tynde skiver
- 4-ounce pakke Prosciutto
- ½ kop tranebærsauce
- ¼ kop olivenolie
- Frisk mynte

BALSAMISK GLASUR:
- 2 spsk brun farin
- ¼ kop balsamicoeddike

INSTRUKTIONER:
BALSAMISK GLASUR:
a) Tilsæt brun farin og en kop balsamicoeddike i en gryde ved lav varme.
b) Lad det simre, indtil eddiken er tyknet.
c) Tag glasuren af varmen og lad den køle af. Det vil tykne, når det afkøles.

AT SAMLE:
d) Pensl baguetten let med olivenolie og rist i ovnen i 8 minutter.
e) Fordel brien på brødet.
f) Tilføj en liberal teskefuld tranebærsauce og prosciutto på toppen.
g) Top med et skvæt af balsamicoglasuren efterfulgt af mynteblade.
h) Server med det samme.

62. Proscuitto og Mozarella Bruschetta

INGREDIENSER:
- h) ½ kop finthakkede tomater
- i) 3 ounce hakket mozzarella
- j) 3 prosciutto skiver, hakket
- k) 1 spsk olivenolie
- l) 1 tsk tørret basilikum
- m) 6 små skiver franskbrød

INSTRUKTIONER:
- a) Forvarm airfryeren til 350 grader F. Placer brødskiverne og rist dem i 3 minutter. Top brødet med tomater, prosciutto og mozzarella. Drys basilikum over mozzarellaen. Dryp med olivenolie.
- b) Vend tilbage til airfryeren og kog i 1 minut mere, nok til at blive smeltende og varm.

63.Minty rejebid

INGREDIENSER:
- 2 spsk olivenolie
- 10 ounce rejer, kogte
- 1 spsk mynte, hakket
- 2 spiseskefulde erythritol
- ⅓ kop brombær, malet
- 2 tsk karrypulver _ _
- 11 prosciutto skiver
- ⅓ kop grøntsagsfond

INSTRUKTIONER:

a) Dryp olie over hver reje efter at have pakket den ind i prosciutto-skiver.
b) Kombiner brombær, karry, mynte , bouillon og erythritol i din instant-gryde, rør rundt og kog i 2 minutter ved lav varme.
c) Tilføj dampkogerkurven og de indpakkede rejer til gryden, dæk til og kog i 2 minutter ved høj temperatur.
d) Læg de indpakkede rejer på en tallerken og dryp med myntesauce inden servering.

64.Pære, Radise Microgreen & Prosciutto Bite

INGREDIENSER:

- 8 ounces blød gedeost
- 6 ounce prosciutto, skåret i strimler
- 2-ounce pakke radise-mikrogrønt
- ¼ kop friskpresset citronsaft
- 2 pærer, skåret i skiver

INSTRUKTIONER:

a) Dryp citronsaft over hver pæreskive.
b) ¼ tsk blød gedeost på den ene halvdel af pæreskiven , og skift derefter ingredienserne med den anden halvdel.
c) Fordel endnu en ¼ tsk blød gedeost oven på den øverste pæreskive, efterfulgt af en foldet stribe prosciutto og en klat blød gedeost, derefter radise-mikrogrønne.
d) Saml de resterende pæreskiver og server med mere radise-mikrogrønt på toppen.

65.Muffin prosciutto kop

INGREDIENSER:

- 1 skive prosciutto (ca. ½ ounce)
- 1 mellemstor æggeblomme
- 3 spsk Brie i tern
- 2 spsk mozzarellaost i tern
- 3 spsk revet parmesanost

INSTRUKTIONER:

a) Forvarm ovnen til 350°F. Tag en muffinform ud med brønde ca. 2½" brede og 1½" dybe.
b) Fold prosciuttoskiven på midten, så den bliver næsten firkantet. Læg den i en muffinform godt for at beklæde den helt.
c) Læg æggeblommen i en prosciutto kop.
d) Tilsæt ost oven på æggeblommen forsigtigt uden at knække den.
e) Bages i cirka 12 minutter, indtil blommen er kogt og varm, men stadig flydende.
f) Lad den køle af i 10 minutter, før den tages ud af muffinformen.

66. Avocado prosciutto kugler

INGREDIENSER:

- ½ kop macadamianødder
- ½ stor avocado skrællet og udstenet (ca. 4 ounce papirmasse)
- 1 ounce kogt prosciutto, smuldret
- ¼ tsk sort peber

INSTRUKTIONER:

a) Puls macadamianødder i en lille foodprocessor, indtil de er smuldret jævnt. Del i to.
b) I en lille skål kombineres avocado, halvdelen af macadamianødderne, prosciutto-crumbles og peber og blandes godt med en gaffel.
c) Form blandingen til 6 kugler.
d) Placer de resterende smuldrede macadamianødder på en mellemstor tallerken, og rul individuelle kugler igennem, så de bliver jævnt.
e) Server straks.

SLIK OG DESSERTER

67. Gubana (sødfyldt wienerbrød)

INGREDIENSER:
- 500 g mel
- 200 g usaltet smør
- 100 g sukker
- 3 æg
- 1 kop mælk
- 1 kop hakkede nødder (valnødder og hasselnødder)
- 1 kop rosiner
- 1/2 kop honning
- Skal af 1 appelsin
- 1 tsk kanel

INSTRUKTIONER:
a) Lav en dej ved at kombinere mel, smør, sukker, æg og mælk.
b) Rul dejen ud til et rektangel.
c) Bland nødder, rosiner, honning, appelsinskal og kanel.
d) Fordel fyldet over dejen, og rul den derefter sammen.
e) Læg i en smurt form og bag ved 180°C (350°F) i ca. 45 minutter.
f) Lad det køle af, inden det skæres i skiver.

68. Æble og Ricotta Crostata

INGREDIENSER:

- 1 ark butterdej
- 1 kop ricotta ost
- 2 spsk sukker
- 2 æbler, skåret i tynde skiver
- 1 spsk citronsaft
- 1 spsk abrikosmarmelade (til glasur)

INSTRUKTIONER:

a) Forvarm ovnen til 200°C (400°F).
b) Rul butterdej ud og læg den på en bageplade.
c) Bland ricottaost med sukker og fordel det over dejen.
d) Smid æbleskiver i citronsaft og anret dem ovenpå.
e) Fold kanterne af dejen over æblerne.
f) Bages i 20-25 minutter eller indtil de er gyldne.
g) Lun abrikosmarmelade og pensl den over æblerne til en glasur.

69. Trentino æblekage (Torta di Mele Trentina)

INGREDIENSER:
- 2-3 æbler, skrællet og skåret i skiver
- 2 kopper universalmel
- 1 kop sukker
- 1/2 kop usaltet smør, smeltet
- 1/2 kop mælk
- 3 æg
- 1 spsk bagepulver
- Skal af 1 citron
- Pulversukker til aftørring

INSTRUKTIONER:
a) Forvarm ovnen til 180°C (350°F). Smør og mel en kageform.
b) I en skål blandes mel, sukker, smeltet smør, mælk, æg, bagepulver og citronskal, indtil det er glat.
c) Hæld dejen i den forberedte gryde.
d) Arranger æbleskiver ovenpå.
e) Bag i 40-45 minutter eller indtil en tandstik kommer ren ud.
f) Lad det køle af, og drys derefter med melis før servering.

70.Venetiansk stegt fløde

INGREDIENSER:
- 4 store æg, adskilt
- 3/4 kop sukker
- 1/2 tsk vaniljeekstrakt
- 1 og 1/2 kop universalmel
- Skal fra 1/2 af en citron
- 4 kopper sødmælk, opvarmet
- 6 spsk ukrydret brødkrummer
- Vegetabilsk olie til stegning

INSTRUKTIONER:
a) I en stor røreskål piskes æggeblommer, sukker og vanilje i 5 minutter.
b) Tilsæt gradvist mel og citronskal.
c) Tilsæt mælken i tynde strømme.
d) Kom blandingen i en mellemstor gryde.
e) Sæt varmen på medium varme og rør, indtil blandingen tykner. Bring ikke i kog, da mælken vil stivne.
f) Tag gryden af komfuret og hæld indholdet på en arbejdsflade, gerne marmor.
g) Brug en kniv til at sprede blandingen ud i form af et rektangel omkring 1 tomme tykt.
h) Lad blandingen køle af.
i) Skær blandingen i 2 tommer diagonaler.
j) Pisk æggehviden i en mellemstor skål.
k) Læg brødkrummerne i en separat skål.
l) Dryp diamanterne i æggehviderne og derefter brødkrummerne.
m) Varm olien op i en stor stegepande.
n) Steg dem i olien til de er gyldenbrune på begge sider.
o) Serveres varm

71.Panna cotta med karamelsauce

INGREDIENSER: :
- 1 kop sukker
- 1 kop vand; eller mere
- 1 kop vand
- 2 spsk vand
- 4 teskefulde gelatine uden smag
- 5 kopper Piskefløde
- 1 kop mælk
- 1 kop pulveriseret sukker
- 1 vaniljestang; delt på langs

INSTRUKTIONER:
TIL SAUCE:
a) Kombiner 1 kop sukker og ½ kop vand i en tung medium gryde ved lav varme. Rør indtil sukkeret er opløst. Øg varmen og kog uden at røre, indtil siruppen bliver ravgul, vend lejlighedsvis rundt på panden og pensl siderne ned med våd wienerbrødspensel, cirka 8 minutter. Fjern panden fra varmen.
b) Tilsæt forsigtigt ½ kop vand. Sæt gryden tilbage på varmen og bring det i kog under omrøring for at opløse eventuelle karamelstykker, ca. 2 minutter.
c) Fedt nok.

TIL PUDDING:
d) Hæld 2 spsk vand i en lille skål. Drys med gelatine. Lad stå indtil det er blødt, cirka 10 minutter. Bland fløde, mælk og sukker i en stor gryde. Skrab i frø fra vaniljestang; tilsæt bønne.
e) Bring i kog under jævnlig omrøring. Fjern fra varmen. Tilsæt gelatineblanding og rør for at opløses. Fjern vaniljestangen. Overfør blandingen til skålen. Sæt skålen over en større skål med isvand. Lad stå lige indtil det er afkølet, omrør lejlighedsvis, cirka 30 minutter. Fordel budding ligeligt mellem seks 10-ounce vanillecremekopper. Dæk til og stil på køl natten over.
f) Udform buddinger på tallerkener. Dryp med karamelsauce og server.

72.Chokolade Panna Cotta

INGREDIENSER: :
- 500 ml tung creme
- 10 g gelatine
- 70 g sort chokolade
- 2 spsk yoghurt
- 3 spsk sukker
- en knivspids salt

INSTRUKTIONER:
a) Læg gelatine i blød i en lille mængde fløde.
b) I en lille gryde hældes den resterende fløde. Bring sukker og yoghurt i kog, rør af og til, men lad det koge. Tag gryden af varmen.
c) Rør chokolade og gelatine i, indtil de er helt opløst.
d) Fyld formene med dejen og stil på køl i 2-3 timer.
e) For at frigøre panna cottaen fra formen skal du køre den under varmt vand i et par sekunder, før du fjerner desserten.
f) Pynt efter din smag og server!

73. Karamelcreme

INGREDIENSER:

- ½ kop Melis
- 1 tsk Vand
- 4 Æggeblommer eller 3 hele æg
- 2 kopper Mælk, skoldet
- ½ tsk Vanille ekstrakt

INSTRUKTIONER:

a) I en stor stegepande kombineres 6 spsk sukker og 1 kop vand. Opvarm over lav varme, ryst eller hvirvl af og til med en træske for at undgå at brænde, indtil sukkeret bliver gyldent.
b) Hæld karamelsiruppen i et lavt bradefad (8x8 tommer) eller tærteplade så hurtigt som muligt. Lad det køle af, indtil det er hårdt.
c) Forvarm ovnen til 325 grader Fahrenheit.
d) Pisk enten æggeblommerne eller de hele æg sammen. Bland mælk, vaniljeekstrakt og det resterende sukker i, indtil det er helt blandet.
e) Hæld den afkølede karamel ovenpå.
f) Stil bageformen i et varmt vandbad. Bages i 1-112 timer, eller indtil midten er sat. Fedt fedt fedt.
g) For at servere skal du vende den om på en tallerken med forsigtighed.

74.Italiensk bagte ferskner

INGREDIENSER:
- 6 Modne ferskner
- ⅓ kop Sukker
- 1 kop Knuste mandler
- 1 Æggeblomme
- ½ tsk Mandelekstrakt
- 4 spiseskefulde Smør
- ¼ kop Skivede mandler
- Tung creme , valgfri

INSTRUKTIONER:
a) Forvarm ovnen til 350 grader Fahrenheit. Fersken skal skylles, halveres og udstenes. Purér 2 af ferskenhalvdelene i en foodprocessor.
b) I en blandeskål kombineres puré, sukker, malede mandler, æggeblomme og mandelekstrakt. For at lave en jævn pasta skal du kombinere alle ingredienserne i en røreskål.
c) Hæld fyldet over hver ferskenhalvdel og sæt de fyldte ferskenhalvdele i en smurt bageplade.
d) Drys med skivede mandler og pensl det resterende smør over ferskerne, inden de bages i 45 minutter.
e) Serveres varm eller kold, med en side af fløde eller is.

75. Tiramisu gryder de creme

INGREDIENSER:

- 2 kopper flormelis
- 12 æggeblommer
- 2 vaniljekorn, flækkede, frø skrabet
- 1,2L ren fløde, plus en ekstra ¼ kop
- 2 spsk instant kaffe granulat
- 50 g usaltet smør, hakket
- 4 svampefingerkiks, smuldret
- 2 spsk Frangelico
- 1 spsk finthakkede hasselnødder
- 400 g mascarpone af god kvalitet
- 1 tsk vaniljeekstrakt
- Kakaopulver af god kvalitet, til at støve

INSTRUKTIONER:

a) Forvarm ovnen til 140°C.
b) Pisk sukker og æggeblommer i en skål, indtil det er bleg.
c) Kom vaniljestang og frø i en stor gryde med fløde og kaffe, og bring det i kog under omrøring for at opløse kaffen. Hæld langsomt over æggeblandingen under konstant piskning, indtil den er blandet.
d) Kom æggeblandingen tilbage i den rensede gryde og sæt den over medium-lav varme.
e) Kog under konstant omrøring i 6-8 minutter eller indtil den er tyknet og æggeblandingen dækker bagsiden af skeen. Fordel mellem otte ¾-kops ovnfaste fade og læg dem i en stor bradepande. Tilsæt nok kogende vand til at komme halvvejs op ad grydens sider.
f) Dæk panden med folie og sæt den forsigtigt i ovnen. Bages i 30 minutter, indtil de lige er stivnet med en blid slingre i midten. Afkøl til stuetemperatur, og køl derefter i 2 timer, eller indtil den er sat.
g) Når du er klar til servering, smelt smørret i en stegepande i 2-3 minutter eller indtil nøddebrun. Tilføj ladyfingers og kog under omrøring i 3-4 minutter eller indtil de er ristede. Tilsæt Frangelico og hasselnødder, og rør for at kombinere. Fedt nok. Rør forsigtigt mascarpone, vanilje og ekstra fløde sammen i en skål.
h) En klat mascarponeblanding ovenpå cremecreme. Drys med ladyfinger crumb og kakao til servering.

76. Tiramisu cupcakes

INGREDIENSER:
CUPCAKES
- 6 spsk saltet smør, stuetemp
- ¾ kopper sukker
- 2 tsk vaniljeekstrakt
- 6 spsk creme fraiche
- 3 æggehvider
- 1¼ kopper universalmel
- 2 tsk bagepulver
- 6 spsk mælk
- 2 spsk vand

TIRAMISU FYLDNING
- 2 æggeblommer
- 6 spsk sukker
- ½ kop mascarponeost
- ½ kop kraftig piskefløde
- 2½ spsk varmt vand
- 1 spsk instant espressokaffe granulat
- ¼ kop Kahlua

INSTRUKTIONER:
LAVE CUPCAKES

a) Forvarm ovnen til 350 grader og forbered en cupcakepande med cupcakeliners.
b) Pisk smør og sukker, indtil det er lyst og luftigt, cirka 2-3 minutter.
c) Tilsæt vaniljeekstrakt og creme fraiche og bland, indtil det er godt blandet.
d) Tilsæt æggehvider i to omgange, bland indtil godt kombineret.
e) Bland de tørre ingredienser i en anden skål, og kom derefter mælk og vand i en anden skål.
f) Tilsæt halvdelen af de tørre ingredienser til dejen og bland indtil godt blandet. Tilsæt mælkeblandingen og bland indtil godt blandet. Tilsæt de resterende tørre ingredienser og bland, indtil det er godt blandet.
g) Fyld cupcake liners cirka halvvejs. Bages i 15-17 minutter, eller indtil en tandstik indsat kommer ud med et par krummer.

h) Tag cupcakes ud af ovnen og lad dem køle af i 2-3 minutter, og tag dem derefter ud på en rist for at afslutte afkølingen.

LAV FYLDET & FYLD CUPCAKES

a) Mens cupcakes afkøles, laver du fyldet. Kombiner æggeblommer og sukker oven på en dobbelt kedel, over kogende vand. Hvis du ikke har en dobbeltkedel, kan du bruge en røreskål af metal, der er sat over en gryde med kogende vand i.
b) Kog i ca. 6-8 minutter, med lav varme under konstant omrøring, eller indtil blandingen er lys i farven og sukkeret er opløst. Hvis blandingen begynder at blive for tyk og mørkere gul, er den gennemstegt.
c) Når de er færdige, piskes blommer med en røremaskine, indtil de tykner og gulner en smule.
d) Fold mascarponeost i piskede æggeblommer.
e) Tilsæt kraftig piskefløde til en anden røreskål og pisk, indtil der dannes stive toppe, ca. 5-7 minutter.
f) Vend flødeskum i mascarponeblandingen.
g) I en anden lille skål kombineres varmt vand, espresso og Kahlua.
h) Når cupcakes er afkølet, skæres centrerne ud.
i) Dryp cirka 1 spsk af espressoblandingen over indersiden af hullerne i cupcakesene, og fyld derefter hullerne med tiramisufyldet.

77.Honeyed budding

INGREDIENSER:

- ¼ kop Usaltet smør
- 1½ kop Mælk
- 2 store Æg; let slået
- 6 skiver Hvidt landbrød; revet i stykker
- ½ kop Klar; tynd honning, plus
- 1 spiseskefuld Klar; tynd honning
- ½ kop Varmt vand; plus
- 1 spiseskefuld Varmt vand
- ¼ teskefuld Stødt kanel
- ¼ teskefuld Vanilje

INSTRUKTIONER:

a) Forvarm ovnen til 350 grader og brug lidt af smørret til at smøre et 9-tommers glastærtefad. Pisk mælk og æg sammen, tilsæt derefter brødstykkerne og vend dem, så de bliver jævnt.

b) Lad brødet trække i 15 til 20 minutter, og vend det en eller to gange. I en stor non-stick stegepande opvarmes det resterende smør over medium varme.

c) Steg det udblødte brød i smørret, indtil det er gyldent, cirka 2 til 3 minutter på hver side. Overfør brødet til bageformen.

d) Kombiner honningen og det varme vand i en skål og rør, indtil blandingen er jævnt blandet.

e) Rør kanel og vanilje i og dryp blandingen over og rundt om brødet.

f) Bages i cirka 30 minutter, eller indtil de er gyldenbrune.

78.Frossen honning Semifreddo

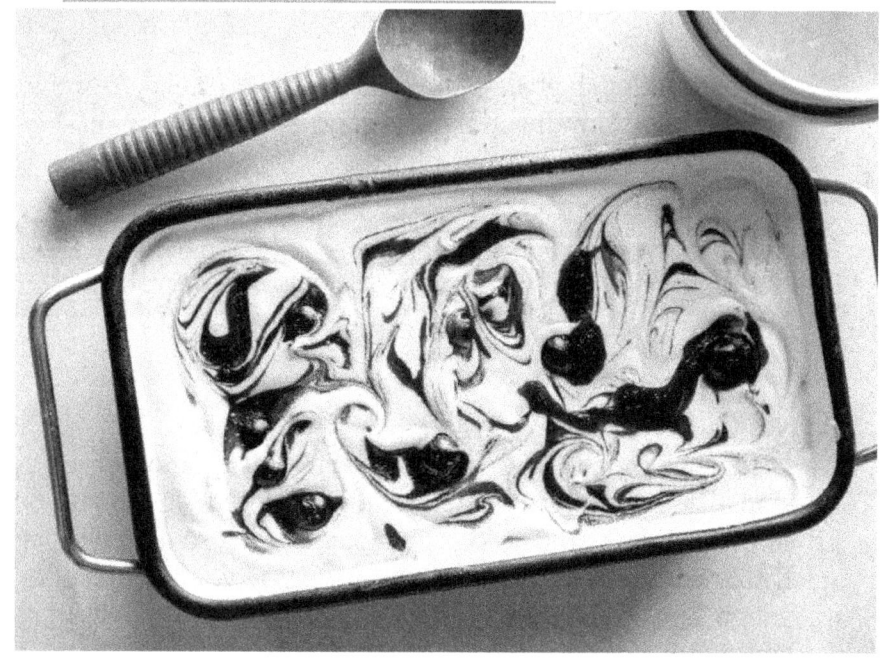

INGREDIENSER:
- 8 ounces tung fløde
- 1 tsk vaniljeekstrakt
- ¼ tsk rosenvand
- 4 store æg
- 4 ½ ounce honning
- ¼ tsk plus ⅛ tsk kosher salt
- Toppings såsom skåret frugt, ristede nødder, kakaonibs eller barberet chokolade

INSTRUKTIONER:
a) Forvarm ovnen til 350°F. Beklæd en 9-x-5-tommer brødform med plastfolie eller bagepapir.
b) Til Semifreddo skal du piske fløde, vanilje og rosenvand i skålen med en røremaskine udstyret med et piskeristilbehør, indtil det er stift.
c) Overfør til en separat skål eller tallerken, dæk til og afkøl, indtil den er klar til brug.
d) Pisk æg, honning og salt i skålen med en røremaskine. For at blande, brug en fleksibel spatel til at røre alt sammen.
e) Kog, hvirv og skrab regelmæssigt i en rustfri stålvask med en fleksibel spatel, indtil den er opvarmet til 165°F, cirka 10 minutter.
f) Overfør blandingen til en standmixer udstyret med et piskeristilbehør, når den når 165°F. Pisk æggene højt til de er skummende.
g) Pisk forsigtigt halvdelen af den tilberedte flødeskum i i hånden.
h) Tilsæt de resterende ingredienser, pisk hurtigt, og vend det derefter sammen med en fleksibel spatel, indtil det er godt blandet.
i) Skrab i den forberedte brødform, dæk den tæt og frys i 8 timer eller indtil den er solid nok til at skære i skiver, eller indtil den indre temperatur når 0°F.
j) Vend semifreddoen på et afkølet fad til servering.

79. Zabaglione

INGREDIENSER:

- 4 æggeblommer
- ¼ kop sukker
- ½ kop Marsala Tør eller anden tør hvidvin
- et par kviste frisk mynte

INSTRUKTIONER:

a) Pisk æggeblommer og sukker sammen i en varmebestandig kumme, indtil den er lysegul og blank. Marsalaen skal derefter piskes i.
b) Bring en mellemstor gryde halvvejs fuld af vand i kog. Start med at piske æg/vinblandingen i den varmefaste skål oven på gryden.
c) Fortsæt med at piske i 10 minutter med elpiskere (eller et piskeris) over varmt vand.
d) Brug et termometer med øjeblikkelig aflæsning for at sikre, at blandingen når 160°F under tilberedningsperioden.
e) Fjern fra varmen og hæld zabaglione over din tilberedte frugt, pynt med friske mynteblade.
f) Zabaglione er lige så lækker serveret ovenpå is eller alene.

80.Affogato

INGREDIENSER:
- 1 sske vaniljeis
- 1 shot espresso
- Et skvæt chokoladesauce, valgfrit

INSTRUKTIONER:
a) Kom en kugle vaniljeis og 1 shot espresso i et glas.
b) Tjen !

81. Havregryn kanel is

INGREDIENSER:
- Blank isbase
- 1 kop havre
- 1 spsk stødt kanel

INSTRUKTIONER:

a) Forbered den tomme base i henhold til instruktionerne.
b) Kombiner havre og kanel i en lille stegepande ved middel varme. Rist under jævnlig omrøring i 10 minutter, eller indtil de er brune og aromatiske.
c) For at trække, tilsæt den ristede kanel og havre til bunden, når de kommer af komfuret, og lad det trække i cirka 30 minutter. Brug af en mesh si sat over en skål; Si de faste stoffer ved at trykke igennem for at sikre, at du får så meget af den smagfulde creme som muligt. En smule havregrynsmasse kan komme igennem, men det er okay – det er lækkert! Reserver havregrynsfaststofferne til havregrynsopskriften!
d) Du vil miste noget blanding til absorption, så mærkerne på denne is vil være lidt mindre end normalt.
e) Opbevar blandingen i dit køleskab natten over. Når du er klar til at lave isen, blendes den igen med en stavblender, indtil den er glat og cremet.
f) Hæld i en ismaskine og frys efter producentens anvisninger. Opbevar i en lufttæt beholder og frys natten over.

82.Dobbelt chokolade gelato

INGREDIENSER:
- ½ kop tung fløde
- 2 kopper mælk
- ¾ kop sukker
- ¼ tsk salt
- 7 ounce mørk chokolade af høj kvalitet
- 1 tsk vaniljeekstrakt
- Kokossmør

INSTRUKTIONER:
a) Det første trin gøres ved at smelte chokoladen og derefter afkøle den lidt. Kom mælk, fløde og smør i en skål og bland dem godt sammen.
b) Bland sukkeret i med et piskeris og salt. Fortsæt med at piske i cirka 4 minutter, indtil sukker og salt er opløst. Bland derefter vaniljeekstrakten i.
c) Bland til sidst chokoladen i, indtil det er godt blandet. Hæld ingredienserne i din ismaskine, og lad den trække i 25 minutter.
d) Kom gelatoen i en lufttæt beholder og stil den i fryseren i op til 2 timer, indtil ønsket konsistens er nået.

83.Kirsebær-jordbær Gelato

INGREDIENSER:
- ½ kop tung fløde
- 2 kopper mælk
- ¾ kop sukker
- Kokossmør
- 1 kop snittede jordbær
- 1 spsk vaniljeekstrakt

INSTRUKTIONER:
a) Brug en blender til at purere jordbæret grundigt. Kom mælk, fløde og smør i en skål og bland dem godt sammen. Bland sukkeret i med et piskeris.
b) Fortsæt med at piske i cirka 4 minutter, indtil sukkeret er opløst. Bland derefter vaniljeekstrakt og jordbærpuré i.
c) Hæld ingredienserne i din ismaskine, og lad den trække i 25 minutter.
d) Kom gelatoen i en lufttæt beholder og stil den i fryseren i op til 2 timer, indtil den ønskede konsistens er opnået.

84.Smøragtige croissantlag med prosciutto

INGREDIENSER:
- 3 spsk saltet smør, skåret i tynde skiver, plus mere til smøring
- 6 croissanter, groft revet i tredjedele
- 8 store æg
- 3 kopper sødmælk
- 1 spsk dijonsennep
- 1 spsk hakket frisk salvie
- ¼ tsk frisk revet muskatnød
- Kosher salt og friskkværnet peber
- 12 ounce frossen spinat, optøet og presset tør
- 1½ kopper revet Gouda ost
- 1½ kopper revet Gruyère ost
- 3 ounce tynde skiver prosciutto, revet

INSTRUKTIONER:
a) Forvarm ovnen til 350°F. Smør en 9 × 13-tommer bradepande.
b) Arranger croissanterne i bunden af bradepanden og dæk dem med smør i skiver. Bages indtil let ristet, 5 til 8 minutter. Fjern og lad afkøle i gryden, indtil den ikke længere er varm at røre ved, cirka 10 minutter.
c) I en mellemstor skål piskes æg, mælk, sennep, salvie, muskatnød og en knivspids salt og peber sammen. Rør spinaten og ¾ kop af hver ost i. Hæld forsigtigt blandingen over de ristede croissanter, og fordel den jævnt. Top med den resterende ost og tilsæt prosciutto til slut. Dæk til og stil på køl i mindst 30 minutter eller natten over.
d) Når du er klar til at bage, skal du fjerne lagene fra køleskabet og forvarme ovnen til 350 ° F.
e) Bages indtil midten af lagene er sat, cirka 45 minutter. Hvis croissanterne begynder at brune, før lagene er færdigkogte, skal du dække dem med folie og fortsætte med at bage.
f) Fjern lagene fra ovnen og lad afkøle i 5 minutter før servering.

85. Balsamico fersken og brietærte

INGREDIENSER:
- 1 ark frossen butterdej, optøet
- ⅓ kop citronbasilikumpesto
- 1 (8-ounce) hjul Brie ost, skal på og skåret i skiver
- 2 modne ferskner, skåret i tynde skiver
- Ekstra jomfru oliven olie
- Kosher salt og friskkværnet peber
- 3 ounce tynde skiver prosciutto, revet
- ¼ kop balsamicoeddike
- 2 til 3 spiseskefulde honning
- Friske basilikumblade, til servering

INSTRUKTIONER:
a) Forvarm ovnen til 425°F. Beklæd en bageplade med kant med bagepapir.
b) Rul forsigtigt butterdejen ud på en ren arbejdsflade til en 1/8 tomme tykkelse og overfør den til den forberedte bageplade. Prik dejen over det hele med en gaffel, fordel derefter pestoen jævnt over dejen, efterlad en ½ tomme kant.
c) Anret Brie og ferskner ovenpå pestoen og dryp let med olivenolie. Smag til med salt og peber og top med prosciutto.
d) Drys kanterne af dejen med peber.
e) Bages indtil dejen er gylden og prosciuttoen er sprød, 25 til 30 minutter.
f) Pisk imens eddike og honning sammen i en lille skål.
g) Tag tærten ud af ovnen, top med basilikumblade, og dryp med honningblandingen. Skær i stykker og server lun.

86. Løg og prosciutto tærte

INGREDIENSER:
- ½ pund butterdej
- 4 store løg; hakket
- 3 ounce Prosciutto; i tern
- ½ tsk timian
- ½ tsk rosmarin
- 2 spsk olivenolie
- 12 store sorte oliven i olie; udhulet
- Friskkværnet sort peber
- Salt om nødvendigt
- 1 æg

INSTRUKTIONER:
a) Kog løg i olie med krydderurter, indtil løgene er gennemsigtige. Tilsæt prosciutto og kog 3 minutter. Smag til med peber og tjek salt. Chill.
b) Rul dejen ud til et rektangel 11" gange 9. Skær 4 strimler af dejen til at lave kanterne og tryk dem på kanterne af rektanglet.
c) Overfør til bagepapir og drys kanterne med sammenpisket æg. Chill ½ time. Forvarm ovnen til 425. Fordel løgblandingen på den tilberedte dej. bages 30 minutter.
d) Reducer varmen til 300, dekorer tærten med skiver oliven og fortsæt med at bage yderligere 15 minutter.

87.Prosciutto oliven tomatbrød

INGREDIENSER:

- 1 lb brød, 1 1/2 lb brød
- 1 kop vand
- 2 spiseskefulde vegetabilsk olie
- ⅓ kop moden tomat
- ⅓ kop oliven, udstenet alfonse eller andre vinlavede oliven
- ⅓ kop prosciutto, strimlet
- 2 tsk sukker
- ½ tsk salvie
- 1 tsk salt
- ⅓ kop rugmel
- 1½ kop fuldkornshvedemel
- 1½ kop brødmel
- 1½ tsk gær

INSTRUKTIONER:

a) Bages i henhold til producentens anvisninger.

88. Prosciutto-orange popovers

INGREDIENSER:
- 1 kop mel
- ¼ tsk salt
- 1 kop mælk
- 2 æg; let slået
- 1 spsk smeltet margarine
- 2 skiver prosciutto; trimmet for ekstra fedt; fint hakket
- 1 stor appelsin; fintrevet skal af

INSTRUKTIONER:
a) Sæt gryden i ovnen og forvarm til 450 grader. Tag gryden ud af ovnen, så snart den er varm.
b) Rør mel og salt sammen. Pisk mælk, æg og smeltet margarine i, indtil blandingen er jævn. Overbeat ikke. Rør prosciutto og appelsinskal i.
c) Hæld dejen i den varme pande og bag i den forvarmede ovn i 15 minutter. Skru varmen til 350 grader og fortsæt med at bage 15-20 minutter, indtil de er hævede og brune. Åbn aldrig ovndøren under bagetiden, da popovers vil tømmes.
d) Tag ud af ovnen og kør en kniv rundt om hver popover.
e) Tag dem ud af gryden og gennembor dem med en kniv.

89.Kandiseret prosciutto

INGREDIENSER:
- 3 kopper sukker
- 1 1/2 kopper Prosciutto di Parma skiver, hakket

INSTRUKTIONER:
a) Smelt sukker langsomt i en mellemstor gryde, tilsæt prosciutto og bland i 3 minutter.
b) Fordel blandingen over en plade med voks eller bagepapir på.
c) Lad køle af og bræk i stykker for at smuldre.

90.Mozzarella og prosciutto kartoffelkage

INGREDIENSER:

- Mozzarella og prosciutto kartoffelkage
- 1/2 kop (35 g) friske brødkrummer
- 900 gram kartofler, skrællede
- 1/2 kop (125 ml) varm mælk
- 60 gram smør, skåret i tern
- 2/3 kop (50 g) revet parmesan
- 2 æg
- 1 æggeblomme
- 1 kop (100 g) revet mozzarella
- 100 gram prosciutto i tern
- babyraket, til at servere

INSTRUKTIONER:

g) Forvarm ovnen til meget varm, 200°C (180°C varmluft).
h) Smør en 20 cm springform med smør; drys bunden med en tredjedel af brødkrummerne.
i) Kog kartoflerne i en gryde med kogende saltet vand i 15 minutter, indtil de er møre. Dræne; tilbage til gryden 1 minut, indtil tør.
j) Mos kartoflerne, tilsæt mælk og halvdelen af smørret. Rør parmesan, æg og æggeblomme i; sæson.
k) Spred forberedt pande med halvdelen af kartoffelblandingen. Dæk med mozzarella og prosciutto; top med resterende kartoffelblanding. Prik med resterende smør; drys med resterende rasp.
l) Bages i 30 minutter, indtil de er gyldne og varme; stå kagen 10 minutter. Skær i skiver og server med rucola.

91. Grøn Ærte Panna Cotta Med Prosciutto

INGREDIENSER:
GRØN ÆRTE PANNA COTTA:
- Madlavningsspray af raps eller anden neutral olie
- 1 spsk. agar agar flager
- 1 lille selleristængel, skåret i stykker
- 2" kvist frisk rosmarin
- 1 laurbærblad
- 1/2 tsk. hele sorte peberkorn
- 1/4 tsk. hele allehånde bær
- 2 kviste italiensk fladbladet persille
- Bordsalt efter smag
- 2 kopper grønne ærter
- 1/4 c. tung creme
- 2 spsk brie ost
- Cayennepeber efter smag
- Peber, efter smag
- Mikrogrønt eller sellerigrønt, til pynt

PROSCIUTTO CHIPS:
- 4 tynde skiver Prosciutto de Parma

GRØN ÆRTE PANNA COTTA:
a) Forvarm ovnen til 400º F med en rist i midten. Beklæd en bageplade med kanter med folie. Beklæd kopperne i en 12-kopps mini-muffinform let med madlavningsspray, og sæt dem til side.
b) Kombiner 1-3/4 kopper vand, agar agar, selleri, rosmarin, laurbærblad, peberkorn, allehånde bær, persille og 1/4 tsk bordsalt i en lille gryde. Lad det simre ved høj varme, skrab af og til bunden af gryden, og reducer derefter varmen til lav. Fortsæt med at skrabe bunden af gryden af og til, da agar-agaren kan lide at sætte sig, indtil den ser ud til at være opløst, cirka 6-8 minutter.
c) Kom ærter i en blender og purér. Si agar-agarbouillonen gennem en finmasket si i blenderen. Tilsæt tung fløde, brie, en knivspids eller to cayennepeber og yderligere vand for at bringe volumen lige over 2 kopper.
d) Blend indtil glat, skrab ned siderne af blenderen efter behov. Smag til og juster krydderier med salt, hvid peber og yderligere cayennepeber, hvis det ønskes, og blend kort for at blive helt inkorporeret. Fordel blandingen jævnt mellem de 12 forberedte muffinkopper.
e) Tryk på panden flere gange for at sætte sig og hjælpe med at fjerne eventuelle luftbobler, der måtte være dannet. Stil til side i cirka en time for agar agar at sætte sig.
f) Ved servering skal du køre en tynd kniv rundt om kanten af panna cottaen, og derefter springe hver ud.

PROSCIUTTO CHIPS:
g) Forvarm ovnen til 250 ° F.
h) Brug en 1-tommers rund skærer til at skære cirkler af prosciuttoen. Læg dem på en bageplade med bagepapir og bag dem i 10-15 minutter, indtil de er sprøde. Reservér til pynt.

MONTAGE:
i) Læg panna cottaen på en bakke.
j) Læg en prosciutto-skive på aiolien.
k) Pynt med mikrogrønt eller sellerigrønt.

92.Lime Gelato Med Chiafrø

INGREDIENSER:
- Revet skal og saft af 4 limefrugter
- ¾ kop sukker
- kopper halvt halvt
- store æggeblommer
- 1¼ kopper tung fløde
- ⅔ kop chiafrø

INSTRUKTIONER:

a) I en foodprocessor pulser du limeskal og sukker ca. 5 gange for at trække olierne ud af skallen. Overfør limesukkeret til en skål.

b) Fyld en stor skål delvist med is og vand, læg en mellemstor skål i isvandet, og sæt en finmasket si hen over toppen.

c) I en gryde kombineres ½ kop limesukker og det halve. Bring det i kog over middel varme, under omrøring for at opløse sukkeret.

d) Tilsæt imens æggeblommerne til det resterende limesukker i skålen og pisk for at kombinere.

e) Hæld gradvist omkring halvdelen af den varme halv-og-halv-blanding i blommerne, mens du pisker konstant, og pisk derefter denne blanding i den halve-en-halv-blanding i gryden.

f) Kog under konstant omrøring, indtil cremecremen er tyk nok til at dække bagsiden af skeen, cirka 5 minutter.

g) Hæld cremecremen gennem sigten i den forberedte skål og rør, indtil den er afkølet.

h) Rør limesaft, fløde og chiafrø i. Tag skålen ud af isbadet, dæk til og stil den på køl, indtil cremen er kold, mindst 2 timer eller op til 4 timer.

i) Frys og kærn i en ismaskine efter producentens anvisninger. For en blød konsistens serveres isen med det samme; for en fastere konsistens, overfør den til en beholder, dæk til og lad den stivne i fryseren i 2 til 3 timer.

93.Chokolade- og kirsebæris-gateau

INGREDIENSER:
- 1 kop (2 stænger) usaltet smør
- 1 kop superfint sukker
- 1 tsk. ren vaniljeekstrakt
- 4 æg, pisket
- 2 kopper mindre 1 dynget spsk. mel til alle formål
- 1 dynget spsk. usødet kakaopulver
- 1½ tsk. bagepulver
- 4 kopper udstenede og hakkede kirsebær
- ½ kop tranebærjuice
- 3 spsk. lys brun farin
- ½ opskrift på luksus vanilje gelato
- 1 kop tung fløde, blødt pisket
- få kirsebær til topping
- chokolade krøller

INSTRUKTIONER:

a) Forvarm ovnen til 350°F (180°C). Smør let en 7-tommer springform eller løsbundet dyb kageform. Pisk smør, sukker og vanilje sammen til det er bleg og cremet.

b) Pisk forsigtigt halvdelen af æggene i, og vend derefter gradvist de tørre ingredienser i, skiftevis med resten af æggene, indtil de er godt blandet. Hæld i den forberedte kageform, flad toppen og bag i 35 til 40 minutter, indtil den er lige fast at røre ved.

c) Afkøl i gryden, fjern derefter, pak i folie og stil på køl, indtil den er rigtig kold, for at gøre udskæringen lettere.

d) Kom kirsebærene i en lille gryde med tranebærsaften og brun farin. Kog ved moderat varme, indtil de er møre. Stil til side til afkøling, og stil derefter på køl, indtil den er rigtig kold. Tilbered vaniljegelatoen, indtil den når en konsistens, der kan ske med ske.

e) Med en lang kniv skæres kagen i tre jævne lag. Læg et lag i den 7-tommer kageform, og top med halvdelen af kirsebærene og en tredjedel af deres juice. Dæk med et lag gelato, og derefter det andet kagelag. Tilsæt resten af kirsebærene, men ikke al saften (brug resten af saften til at fugte undersiden af det tredje kagelag).

f) Dæk med resten af gelatoen og det sidste kagelag.

g) Tryk godt ned, dæk med plastfolie og frys natten over. (Hvis det ønskes, kan kagen opbevares i fryseren i op til 1 måned.)

94. Chokolade bombe

INGREDIENSER:

- ½ opskrift bitter chokolade gelato
- ½ kop piskefløde
- 1 lille æggehvide
- ⅛ kop superfint sukker
- 4 oz. friske hindbær, mosede og silede
- 1 opskrift på hindbærsauce

INSTRUKTIONER:

a) Afkøl en 3 ½ til 4-kops bombeform eller metalskål i fryseren. Forbered gelatoen. Når det er en smørbar konsistens, sættes formen i en skål med is. Beklæd indersiden af formen med gelato, og sørg for, at det er et tykt, jævnt lag. Glat toppen. Sæt formen med det samme i fryseren og frys til den er rigtig fast.

b) Pisk imens fløden stiv. Pisk æggehviden i en separat skål, indtil den danner bløde toppe, og pisk derefter forsigtigt sukkeret i, indtil det er blank og stift. Fold flødeskum, æggehvide og siede hindbær sammen og afkøl. Når chokoladeisen er rigtig fast, hældes hindbærblandingen ind i midten af bomben.

c) Glat toppen, dæk med vokspapir eller folie, og frys i mindst 2 timer.

d) Cirka 20 minutter før servering, fjern bomben fra fryseren, skub et fint spyd gennem midten for at frigøre luftlåsen, og kør en kniv rundt om den indvendige øverste kant. Vend på en afkølet tallerken og tør kort panden af med en varm klud. Klem eller ryst panden en eller to gange for at se, om bomben glider ud; hvis ikke, tør igen med en varm klud. Når det glider ud, skal du muligvis rydde den øverste overflade med en lille paletkniv og derefter vende tilbage til fryseren med det samme i mindst 20 minutter for at stivne igen.

e) Server, skåret i skiver, med hindbærsaucen. Denne bombe holder sig i 3 til 4 uger i sin gryde i fryseren.

95.Ananas bagt alaska

INGREDIENSER:
- 16 til 8 oz. styk indkøbt ingefærkage
- 6 skiver moden, skrællet ananas
- 3 kopper tutti-frutti gelato, blødgørende
- 3 store æggehvider
- ¾ kop superfint sukker
- få stykker frisk ananas, til at dekorere

INSTRUKTIONER:
a) Skær kagen i 2 tykke stykker og anret den i en firkant eller cirkel på en plade med genanvendelig pandeforing på en bradepande, så du nemt kan overføre den til et serveringsfad senere.
b) Skær de 6 ananasskiver i trekanter eller kvarte over kagen for at fange eventuelle dryp. Arranger ananasstykkerne ovenpå kagen, og top derefter gelatoen. Sæt straks gryden i fryseren for at genfryse gelatoen, hvis den er blevet for blød.
c) Pisk imens æggehviderne meget stive, og pisk derefter sukkeret i gradvist, indtil blandingen bliver stiv og blank.
d) Fordel marengsblandingen jævnt over hele gelatoen og sæt den tilbage i fryseren. Denne kan efter ønske fryses et par dage.
e) Når du er klar til at servere, opvarm ovnen til 450°F (230°C). Sæt bradepanden i den varme ovn i kun 5 til 7 minutter, eller indtil den bliver gylden over det hele.
f) Overfør til et serveringsfad og server straks, dekoreret med et par stykker frisk ananas.

96.Chokoladedyppede gelato pops

INGREDIENSER:
- 1 opskrift på luksus vanilje gelato
- 1 opskrift chokoladesauce
- finthakkede nødder eller drys

INSTRUKTIONER:
a) Lav isen til kugler af forskellige størrelser. Læg dem straks på vokspapir og genfrys dem rigtig grundigt.
b) Tilbered chokoladesaucen og lad den stå et køligt (ikke koldt) sted, indtil den er afkølet, men ikke tykner.
c) Dæk flere pladepander med vokspapir. Skub en ispind ind i midten af en kugle is og dyp den i chokoladen, så den dækker helt. Hold den over skålen med chokolade, indtil den er færdig med at dryppe og læg den derefter på det rene vokspapir.
d) Drys med nødder eller farvet drys, hvis du ønsker det. Sæt isene i fryseren og lad dem stå til de er rigtig hårde (flere timer). Selvom de holder sig i flere uger, afhængigt af den anvendte is, er det bedre at spise dem så hurtigt som muligt.
e) Gør 6-8 (flere, hvis du bruger en meget lille scoop)

97.Cappuccino frappé

INGREDIENSER:
- 4 spsk. kaffelikør
- ½ opskrift kaffe gelato
- 4 spsk. rom
- ½ kop tung fløde, pisket
- 1 spsk. usødet kakaopulver, sigtet

INSTRUKTIONER:
a) Hæld likøren i bunden af 6 frysesikre glas eller kopper, og køl godt eller frys.
b) Tilbered gelatoen som anvist, indtil den er delvis frossen. Pisk derefter rommen i med en elektrisk røremaskine, indtil den er skummende, hæld straks den frosne likør over, og frys igen, indtil den er fast, men ikke hård.
c) Hæld den piskede fløde over gelatoen.
d) Drys generøst med kakaopulver og sæt tilbage i fryseren i et par minutter, indtil du er helt klar til at servere.

98. Pocherede figner i krydret rødvin med gelato

INGREDIENSER:

- 1½ kop tør rødvin
- 1 spsk sukker (1-2T), efter smag
- 1 kanelstang
- 3 hele nelliker
- 3 hele friske figner i kvarte
- Vanilje gelato som tilbehør
- Myntekviste til pynt, hvis det ønskes

INSTRUKTIONER:

a) I en gryde kombineres vin, sukker, kanel og nelliker.
b) Bring væsken i kog ved moderat høj varme under omrøring, og lad blandingen simre i 5 minutter. Tilsæt fignerne og lad det simre lige indtil fignerne er gennemvarme. Lad afkøle til varme.
c) Arranger kugler af gelato i tostilkede glas og top med fignerne og noget af pocheringsvæsken. Pynt eventuelt med mynte.

99.Pina colada marengs gelato kage

INGREDIENSER:

- ½ kop dehydreret ananas
- 20 g mørk (70%) chokolade
- 100 g færdiglavet marengs
- 1¼ kopper tung fløde
- 2-4 spsk Malibu kokosrom
- Frisk mynte eller ristet ristet kokosnød, til pynt

INSTRUKTIONER:

a) Beklæd en 13 x 23 cm brødform med plastfolie. Sørg for at lade flere cm plastik hænge ud over siderne.
b) Hak ananasen, så intet stykke er større end en rosin. Gør det samme med chokoladen.
c) Knus marengsen til en crumble. Prøv at gøre dette hurtigt, fordi marengsen vil opfange fugt fra luften og blive klistret.
d) I en stor røreskål piskes den tunge fløde til bløde toppe. Tilføj Malibu, og pisk derefter igen i et par sekunder, indtil de bløde toppe vender tilbage.
e) Kom ananas og chokolade i skålen og vend dem forsigtigt i cremen. Tilsæt marengsen, og vend forsigtigt igen. Hæld det hele i brødformen og giv det et par bløde slag mod disken, så indholdet sætter sig og fordeler sig. Fold det udhængende plastik over toppen af kagen, og pak derefter formen ind i endnu et lag plastikfolie. Sæt kagen i fryseren natten over.
f) Til servering skal du bruge den overhængende plastik til at trække kagen ud af formen. Skær i skiver og top med kviste af mynte, eller endnu bedre et drys ristet, barberet kokosnød. Det er en blød flødekage, så spis med det samme.

100.Jordbær Marengs Gelato kage

INGREDIENSER:

- italiensk marengs
- 4 friske æggehvider
- 1½ kop hvidt sukker
- ¼ kop vand
- 1 spsk flydende glukose eller lys majssirup
- jordbær
- 3 kopper jordbær, vasket, tørret og afskallet
- 1 spsk flormelis/konditorsukker
- 1 spsk hvidt sukker
- fløde
- ¾ kop dobbelt/tung fløde

INSTRUKTIONER:

a) For at lave den italienske marengs, kom sukker, vand og glukose/majssirup i en mellemstor gryde. Kom æggene i den (omhyggeligt rene) skål på en røremaskine.
b) Indstil varmen under gryden til medium høj, bring sukkerblandingen i kog, og vend gryden rundt for at flytte sukkeret, når det er opløst.
c) Brug et sukkertermometer til at kontrollere temperaturen på den kogende sirup. Vær forsigtig med varmt sukker! Når temperaturen når 100C, startes piskeriset på standmixeren til højt.
d) Når sukkeret når 116C (eller "blød kugle"-stadiet), tages siruppen af varmen og hældes langsomt i de luftige æggehvider, mens røremaskinen holdes på medium høj hastighed.
e) Når al siruppen er hældt i, skrues hastigheden ned til lav, og lad den piske indtil æggehviderne er afkølet, det kan tage op til tredive minutter.
f) Mens dette sker, tager du halvdelen af jordbærene og konditorens sukker og blender dem i en foodprocessor, indtil de er glatte. Si dem gennem en sigte for at fjerne eventuelle frø, og opbevar dem i køleskabet.
g) Tag den anden halvdel af jordbærene og skær dem i skiver. Reserver de pæneste skiver til at dekorere din kage, tilsæt det hvide sukker til resten og lad det maskere.

h) Kom fløden i en stor skål og pisk til konsistensen af blød is (tænk på sundaes eller Mr Whippy, i Storbritannien)
i) Tag en brødform, der rummer mindst seks kopper, du skal muligvis bruge en anden beholder, da denne blanding kan udgøre op til ti kopper værd...fugt den med lidt vand, ryst det overskydende af og beklæd den med plastfolie.
j) Læg de reserverede jordbærskiver i et mønster i bunden af din forede brødform.
k) Tag fløden og hæld den i marengsen sammen med jordbærpuréen og de snittede jordbær. Fold det hele forsigtigt sammen med en spiseske, til det lige er krøllet.
l) Hæld blandingen i den forberedte dåse, eventuelt ekstra kan hældes i en anden foret beholder. Toppen, hvis hovedkagen kan glattes ud med en spatel, der trækkes hen over den, ligesom en murer glatter cementen på en murstensvæg. Gør dette over den anden beholder for at fange den overskydende blanding.
m) Dæk med plastfolie og frys til det er stivnet. Dette vil tage mindst 7-8 timer, men kan stå natten over for at stivne helt.
n) Tag ud af fryseren 10 minutter før servering, træk i plastikfolien, vend på et serveringsfad, fjern plastikfolien og brug en brødkniv opblødt i varmt vand til at skære skiver.

KONKLUSION

Når vi afslutter vores smagfulde rejse gennem "Veneto køkken", håber vi, at du har oplevet magien og ægtheden af det venetianske køkken i dit eget køkken. Hver opskrift på disse sider er en hyldest til det rige gobelin af smag, der definerer Veneto-regionen - en fejring af de forskellige kulinariske traditioner, friskheden af lokale råvarer og kunstneriske enkle, men udsøgte retter.

Uanset om du har nydt rigdommen af en fisk og skaldyrsrisotto, omfavnet hjerteligheden af en venetiansk polenta-ret eller glædet dig over sødmen af tiramisu, stoler vi på, at disse 100 opskrifter har transporteret dig til hjertet af det nordøstlige Italien. Ud over ingredienserne og teknikkerne, må ånden i venetiansk madlavning inspirere dig til at tilføre dine måltider den varme, enkelhed og elegance, der definerer denne kulinariske tradition.

Mens du fortsætter med at udforske verden af venetianske smagsvarianter, må "Veneto køkken" være din betroede følgesvend, der guider dig gennem landskaberne, markederne og de lækre traditioner, der gør denne region til en sand gastronomisk skat. Her er til at nyde den nemme og lækre smag af det nordøstlige Italien - buon viaggio culinario!

www.ingramcontent.com/pod-product-compliance
Lightning Source LLC
Chambersburg PA
CBHW050150130526
44591CB00033B/1242